Herder | Auch eine Philosophie der Geschichte zur Bildung der Menschheit

Johann Gottfried Herder

Auch eine Philosophie der Geschichte zur Bildung der Menschheit

Herausgegeben von Hans Dietrich Irmscher

Reclam

Gonthier-Louis Fink gewidmet

RECLAMS UNIVERSAL-BIBLIOTHEK Nr. 14221
1990, 2021 Philipp Reclam jun. Verlag GmbH,
Siemensstraße 32, 71254 Ditzingen
Gestaltung: Cornelia Feyll, Friedrich Forssman
Druck und Bindung: Eberl & Koesel GmbH & Co. KG,
Am Buchweg 1, 87452 Altusried-Krugzell
Printed in Germany 2021

ISBN 978-3-15-014221-9

Auch als E-Book erhältlich

www.reclam.de

Auch
eine Philosophie
der Geschichte
zur
Bildung der Menschheit.

Beytrag
zu vielen Beyträgen des Jahrhunderts.

Ταρασσει τȣς ανθρωπȣς ȣ τα πραγματα, αλλα τα περι των πραγματων δογματα —

1774.

Philosophie der Geschichte zur Bildung der Menschheit

Erster Abschnitt

Je weiter hin es sich in Untersuchung der ältsten Weltgeschichte, ihrer Völkerwandrungen, Sprachen, Sitten, Erfindungen und Traditionen aufklärt:[a] desto wahrscheinlicher wird mit jeder neuen Entdeckung auch der *Ursprung des ganzen Geschlechts von Einem.* Man nähert sich immer mehr dem glücklichen *Klima*, wo ein Menschenpaar unter den mildesten Einflüssen der schaffenden Vorsehung, unter Beistande der erleichterndsten Fügungen rings um sich her den Faden anspann, der sich nachher mit solchen Wirrungen weit und lang fortgezogen: wo also auch alle ersten Zufälle für Anstalten einer mütterlichen Vorsehung gelten können, einen zarten Doppelkeim des ganzen Geschlechts mit alle der Wahl und Vorsicht zu entwickeln, die wir immer dem Schöpfer einer so edeln Gattung und seinem Blick auf Jahrtausend und Ewigkeit hinaus zutrauen müssen.

Natürlich, dass diese ersten Entwickelungen so simpel, zart und wunderbar waren, wie wir sie in allen Hervorbringungen der Natur sehen. Der Keim fällt in die Erde und erstirbt: der Embryon wird im Verborgnen gebildet, wie's kaum die Brille des Philosophen a priori gutheißen würde, und tritt ganz gebildet hervor: die Geschichte der frühesten Entwicklungen des menschlichen Geschlechts, wie sie uns

a Neueste historische Untersuchungen und Reisen in Asien.

das ältste Buch beschreibt, mag also so kurz und apokryphisch klingen, dass wir vor dem philosophischen Geist unsers Jahrhunderts, der nichts mehr als Wunderbares und Verborgnes hasset, damit zu erscheinen erblöden: eben deswegen ist sie wahr. Nur eins also angemerkt. Scheint nicht selbst für das Maulwurfsauge dieses lichtesten Jahrhunderts doch ein längeres Leben, eine stiller und zusammenhangender würkende Natur, kurz eine Heldenzeit des Patriarchenalters dazu zu gehören, die ersten Formen des Menschengeschlechts, welche es auch seien, den Stammvätern aller Nachkommenschaft ein- und für die Ewigkeit anzubilden? Wir laufen jetzt nur vorüber, und durch die Welt her; Schatten auf Erden! Alles Gute und Böse, was wir mitbringen (und wir bringen wenig mit, weil wir alles hier erst empfangen), haben wir meist auch das Schicksal wieder mitzunehmen: unsre Jahre, Lebensläufe, Vorbilder, Unternehmungen, Eindrücke, die Summe unsrer Hinwürkung auf Erden, ist kraftloser Traum einer Nachtwache – Geschwätz! – Du lässest sie dahinfahren usw. So wie das nun bei dem großen Vorrat von Kräften und Fertigkeiten, den wir entwickelt vor uns finden, bei dem schnellern Lauf unsrer Säfte und Regungen, Lebensalter und Gedankenplane, wo eins das andre, wie eine Wasserblase die andre zu verfolgen und zu zerstören eilt, bei dem so oft misshelligen Verhältnis zwischen Kraft und Besonnenheit, Fähigkeit und Klugheit, Anlage und gutem Herzen, die ein Jahrhundert des Verfalls immer bezeichnen – wie's bei dem allen Absicht und abwägende Weisheit scheint, eine große Masse kindischer Kräfte durch kurze, kraftlose Dauer des Lebensspiels zu mäßigen und zu sichern: gehörte nicht auch allein jenes erste, stille, ewige Baum- und Patriarchenleben dazu, um die Menschheit in ersten Neigungen, Sitten und Einrichtungen zu wurzeln und zu gründen?

Was waren diese Neigungen? Was sollten sie sein? Die natürlichsten, stärksten, einfachsten! für alle Jahrhunderte der Menschenbildung die ewige Grundlage: Weisheit statt Wissenschaft, Gottesfurcht statt Weisheit, Eltern-, Gatten-, Kindesliebe statt Artigkeit und Ausschweifung, Ordnung des Lebens, Herrschaft und Gottregentschaft eines Hauses, das Urbild aller bürgerlichen Ordnung und Einrichtung – in diesem allen der einfachste Genuss der Menschheit, aber zugleich der tiefste – wie konnte das alles, ich will nicht fragen, erbildet, nur angebildet, fortgebildet werden, als – durch jene stille ewige Macht des Vorbilds, und einer Reihe Vorbilde mit ihrer Herrschaft um sich her? Nach unserm Lebensmaße wäre jede Erfindung hundertfach verlorengegangen; wie Wahn entsprungen und wie Wahn entflohen – welcher Unmündige sollte sie annehmen? welcher zu bald wieder Unmündige sie anzunehmen zwingen? Es zerfielen also die ersten Bande der Menschheit im Ursprung oder vielmehr damals so dünne kurze Fäden, wie hätten sie je die starken Bande werden können, ohne die selbst nach Jahrtausenden der Bildung das menschliche Geschlecht durch bloße Schwächung noch immer zerfällt? – Nein! mit frohem Schauer stehe ich dort vor der heiligen Zeder eines Stammvaters der Welt! Ringsum schon hundert junge blühende Bäume, ein schöner Wald der Nachwelt und Verewigung! aber siehe! die alte Zeder blüht noch fort, hat ihre Wurzeln weit umher und trägt den ganzen jungen Wald mit Saft und Kraft aus der Wurzel. Wo der Altvater auch seine Kenntnisse, Neigungen und Sitten herhabe? was und wie wenig diese auch sein mögen? ringsum hat sich schon eine Welt und Nachwelt zu diesen Neigungen und Sitten, bloß durch die *stille, kräftige, ewige Anschauung seines Gottesbeispiels* gebildet und festgebildet! zwei Jahrtausende waren nur zwo Generationen.

*

Indes auch von diesen heroischen Anfängen der Bildung menschlichen Geschlechts weggesehen: nach den bloßen Trümmern der weltlichen Geschichte und nach dem flüchtigsten Raisonnement über dieselbe à la Voltaire – welche Zustände können erdacht werden, *erste Neigungen des menschlichen Herzens* hervorzulocken, zu bilden, und festzubilden, als die wir schon in den Traditionen unsrer ältesten Geschichte würklich angewandt finden? Das *Hirtenleben im schönsten Klima der Welt*, wo die freiwillige Natur den einfachsten Bedürfnissen so zuvor oder zu Hülfe kommt, die ruhige und zugleich wandernde Lebensart der väterlichen Patriarchenhütte, mit allem, was sie gibt, und dem Auge entziehet, der damalige Kreis menschlicher Bedürfnisse, Beschäftigungen und Vergnügen, nebst allem, was nach Fabel oder Geschichte dazu kam, diese Beschäftigungen und Vergnügen zu lenken – man denke sich alles in sein natürliches, lebendiges Licht – welch ein erwählter Garten Gottes zur Erziehung der ersten, zartesten Menschengewächse! Siehe diesen Mann voll *Kraft und Gefühl Gottes*, aber so *innig und ruhig* fühlend, als hier der Saft im Baum treibt, als der Instinkt, der tausendartig dort unter Geschöpfe verteilt, der in jedem Geschöpfe einzeln so gewaltig treibet, als dieser in ihn gesammlete stille, gesunde, Naturtrieb nur würken kann! Die ganze Welt ringsum, voll Segen Gottes: eine große, mutige Familie des Allvaters: diese Welt sein täglicher Anblick: an sie mit Bedürfnis und Genusse geheftet: gegen sie mit Arbeit, Vorsicht und mildem Schutze strebend unter diesem Himmel, in diesem Elemente Lebenskraft welche Gedankenform, welch ein Herz musste sich bilden! Groß und heiter wie die Natur! wie sie im ganzen Gange still und mutig! langes Leben, Genuss sein selbst auf die unzergliederlichste Weise, Einteilung der Tage durch Ruhe und Ermattung, Lernen und Behalten – siehe, das war der Patriarch für sich allein. – – Aber was für sich allein? Der Segen Gottes durch die ganze Natur, wo war er inniger als im Bilde der Menschheit, wie es sich fortfühlt und fortbildet: im Weibe für ihn geschaffen, im Sohn seinem Bilde ähnlich, im Gottesgeschlecht, das ringsum und nach ihm die Erde fülle. Da war Segen Gottes sein Segen: sein, die er regiert, sein, die er erzieht; sein die Kinder und Kindeskinder um ihn ins dritte und vierte Glied, die er alle mit Religion und Recht, Ordnung und Glückseligkeit leitet. – Dies das unausgezwungene Ideal einer Patriarchenwelt, auf welches alles in der Natur trieb: außer ihm kein Zweck des Lebens, kein Moment Behaglichkeit oder Kraftanwendung zu denken. – Gott! welch ein Zustand zu Bildung der Natur in den einfachsten, notwendigsten, angenehmsten Neigungen! – Mensch, Mann, Weib, Vater, Mutter, Sohn, Erbe, Priester Gottes, Regent und Hausvater, für alle Jahrtausende sollt' er da gebildet werden! und ewig wird, außer dem tausendjährigen Reiche und dem Hirngespinste der Dichter, ewig wird Patriarchengegend und Patriarchenzelt das goldne Zeitalter der kindlichen Menschheit bleiben.

*

Dass nun zu dieser Welt von Neigungen selbst Zustände gehören, die wir uns aus einem Betruge unsrer Zeit oft viel zu fremde und schrecklich dichten, dürfte eine Induktion nach der andern zeigen. – Wir haben uns einen Despotismus des Orients aus den übertriebensten, gewaltsamsten Erscheinungen meist verfallender Reiche abgesondert, die sich mit ihm nur in ihrer letzten Todesangst sträuben (eben dadurch aber auch Todesangst zeigen!) – und da man nun nach unsern europäischen Begriffen (und vielleicht Gefühlen) von nichts Schrecklicherm als Despotismus sprechen kann: so tröstet man sich, ihn von sich selbst ab, in Umstände zu bringen, wo er gewiss nicht das schreckliche Ding war, das wir uns aus unserm Zustande an ihm träumen.[b] Mag's sein, dass im Zelte des Patriarchen allein Ansehen, Vorbild, Autorität herrschte, und dass also, nach der aufgefädelten Sprache unsrer Politik, Furcht die Triebfeder dieses Regiments war – lass dich doch, o Mensch, vom Worte des Fachphilosophen[c] nicht irren, sondern siehe erst, was es denn für ein Ansehen, was für eine Furcht sei? Gibt's nicht in jedem Menschenleben ein Alter, wo wir durch trockne und kalte Ver-

b *Boulanger*, Du despotisme oriental; *Voltaire*, Phil. de l'histoire – De la tolerance etc.; *Helvet.*, De l'esprit, Disc. III etc. etc.

c *Montesquieus* Scharen Nachfolger und imitatorum servum p. –

nunft nichts, aber durch *Neigung*, *Bildung* nach Autorität alles lernen? wo wir für Grübelei und Raisonnement des Guten, Wahren und Schönen kein Ohr, keinen Sinn, keine Seele; aber für die sogenannten *Vorurteile* und *Eindrücke der Erziehung* alles haben – siehe! diese sogenannte Vorurteile, ohne *Barbara celarent* aufgefasst und von keiner Demonstration des Naturrechts begleitet, wie *stark*, wie *tief*, wie *nützlich* und *ewig*! – *Grundsäulen* alles dessen, was später über sie gebaut werden soll, oder vielmehr schon ganz und gar *Keime*, aus denen sich alles Spätere und Schwächere, es heiße so glorwürdig als es wolle (jeder vernünftelt doch nur nach seiner Empfindung), *entwickelt* – also die stärksten, ewigen, fast göttlichen Züge, die unser ganzes Leben beseligen oder verderben; mit denen, wenn sie uns verlassen, uns alles verlässt – – Und siehe, was jedem *einzelnen Menschen* in seiner Kindheit unumgänglich not ist: dem *ganzen Menschengeschlecht* in seiner Kindheit gewiss nicht weniger. Was du Despotismus in seinem zartesten Keime nennest, und eigentlich nur *Vaterautorität* war, Haus und Hütte zu regieren – siehe, wie's Dinge ausrichtete, die du jetzt mit alle deiner *kalten Philosophie* des Jahrhunderts wohl unterlassen müsstest! wie's das, was recht und gut war oder wenigstens so dünkte, zwar nicht demonstrierte, aber dafür *in ewige Formen festschlug*, mit einem Glanze von Gottheit und Vaterliebe, mit einer süßen *Schlaube früher Gewohnheit*, und allem *Lebendigen der Kindesideen* aus seiner Welt, mit allem *ersten Genuss der Menschheit* in ein Andenken zauberte, dem nichts, nichts auf der Welt zu gleichen. Wie notwendig! wie gut! fürs ganze Geschlecht wie nützlich! da wurden Grundsteine gelegt, die auf andre Art nicht gelegt werden konnten, nicht so leicht und tief gelegt werden konnten – sie liegen! Jahrhunderte haben drüber gebaut, Stürme von Weltalter haben sie wie den Fuß der Pyramiden mit Sandwüsten überschwemmet, aber nicht zu erschüttern vermocht – sie liegen noch! und glücklich, da alles auf ihnen ruht.

Morgenland, du hiezu recht auserwählter Boden Gottes! Die zarte Empfindlichkeit dieser Gegenden, mit der raschen, fliegenden Einbildung, die so gern alles in göttlichen Glanz kleidet: Ehrfurcht vor allem, was Macht, Ansehn, Weisheit, Kraft, Fußstapfe Gottes ist, und sodann gleich kindliche Ergebung, die sich ihnen natürlich, uns Europäern unbegreiflich, mit dem Gefühl von Ehrfurcht mischet: der wehrlose, zerstreute, ruheliebende, herdenähnliche Zustand des Hirtenlebens, das sich auf einer Ebne Gottes milde und ohn Anstrengung ausleben will – alle das, mehr und weniger von Umständen unterstützt, freilich hat's in der spätem Folge auch dem Despotismus der Eroberer volle Materialien geliefert, so volle Materialien, dass Despotismus vielleicht ewig in Orient sein wird, und noch kein Despotismus in Orient durch fremde äußere Kräfte gestürzt worden: er musste nur immer, weil ihm nichts entgegenstand, und er sich unermesslich ausbreitete, allein durch eigne Last zerfallen. Allerdings hat dieser Despotismus auch oft die schrecklichsten Würkungen hervorgebracht, und wie der Philosoph sagen wird, die schrecklichste von allen, dass kein Morgenländer, als solcher, noch kaum von einer menschlichen, bessern Verfassung, innigen Begriff haben kann. – Aber alle das später dahingestellt und zugegeben: Anfangs unter der milden Vaterregierung war nicht eben der Morgenländer mit seinem zarten Kindessinne der glücklichste und folgsamste Lehrling? Alles ward als Muttermilch und väterlicher Wein gekostet! Alles in Kindesherzen aufbewahrt und da mit dem Siegel göttlicher Autorität versiegelt! der menschliche Geist bekam die ersten Formen von Weisheit und Tugend mit einer Einfalt, Stärke und Hoheit, die nun – geradeheraus gesagt – in unsrer philosophischen, kalten europäischen Welt wohl nichts, gar nichts ihresgleichen hat. Und eben weil wir so unfähig sind, sie mehr zu verstehen! zu fühlen! geschweige denn zu genießen – so spotten wir, leugnen und missdeuten! der beste Beweis!

Ohne Zweifel gehört hiezu auch Religion, oder vielmehr war Religion »das Element, in dem das alles lebt' und webte«. Auch von allem göttlichen Eindruck bei Schöpfung und frühester Pflege des Menschengeschlechts, (dem Ganzen so nötig als jedem einzelnen Kinde nach seiner Geburt Pflege der Eltern), von alledem auch den Blick entfernt, wenn Greis, Vater, König so natürlich Gottes Stelle vertrat und sich ebenso natürlich der Gehorsam unter väterlichen Willen, das Ankleben an alte Gewohnheit, und die ehrfurchtvolle Ergebung in den Wink des Obern, der das Andenken alter Zeiten hatte,[d] mit einer Art von kindlichem Religionsgefühl mischet – musstens denn, wie wir aus dem Geist und Herzen unsrer Zeit so sicher wähnen,[e] nichts anders als Betrüger und Bösewichter sein, die dergleichen Ideen aufdran-

d *Montesq.*, Espr. L. 24. 25.

e *Voltaire*, Phil. de l'hist.; *Helvet.*, *Boulanger* etc.

gen, arglistig erdichtet hatten und argwüterisch missbrauchten? Mag's sein, dass dergleichen Religionsgefühl, als Element unsrer Handlungen, für unsern philosophischen Weltteil, für unsere gebildete Zeit, für unsre freidenkende Verfassung von innen und außen äußerst schändlich und schädlich wäre (ich glaube, sie ist, was noch mehr ist, leider! für ihn gar unmöglich), lass es sein, dass die Boten Gottes, wenn sie jetzt erschienen, Betrüger und Bösewichter wären: siehst du nicht, dass es mit dem dortigen Geist der Zeit, des Landes, der Stufe des Menschengeschlechts ganz anders ist? Bloß schon die älteste Philosophie und Regierungsform hat so natürlich in allen Ländern ursprünglich Theologie sein müssen! – – Der Mensch staunt alles an, ehe er sieht: kommt nur durch Verwunderung zur hellen Idee des Wahren und Schönen; nur durch Ergebung und Gehorsam zum ersten Besitz des Guten – so gewiss auch das menschliche Geschlecht. Hast du je einem Kinde aus der philosophischen Grammatik Sprache beigebracht? aus der abgezogensten Theorie der Bewegung es gehn gelernt? hat ihm die leichteste oder schwerste Pflicht aus einer Demonstration der Sittenlehre begreiflich gemacht werden müssen? und dürfen? und können? Gottlob eben! dass sie's nicht dürfen und können! Diese zarte Natur, unwissend und dadurch auf alles begierig, leichtgläubig und damit alles Eindrucks fähig, zutrauend-folgsam, und damit geneigt, auf alles Gute geführt zu werden, alles mit Einbildung, Staunen, Bewundrung erfassend, aber eben damit auch alles umso fester und wunderbarer sich zueignend – »Glaube, Liebe und Hoffnung in seinem zarten Herzen, die einzigen Samenkörner aller Kenntnisse, Neigungen und Glückseligkeit« – tadelst du die Schöpfung Gottes? oder siehst du nicht in jedem deiner sogenannten Fehler Vehikulum, einziges Vehikulum alles Guten? Wie töricht, wenn du diese Unwissenheit und Bewundrung, diese Einbildung und Ehrfurcht, diesen Enthusiasmus und Kindessinn mit den schwärzesten Teufelsgestalten deines Jahrhunderts, Betrügerei und Dummheit, Aberglaub' und Sklaverei brandmarken, dir ein Heer von Priesterteufeln und Tyrannengespenstern erdichten willt, die nur in deiner Seele existieren! Wie tausendmal mehr töricht, wenn du einem Kinde deinen philosophischen Deismus, deine ästhetische Tugend und Ehre, deine allgemeine Völkerliebe voll toleranter Unterjochung, Aussaugung und Aufklärung nach hohem Geschmack deiner Zeit großmütig gönnen wolltest! Einem Kinde? O du das ärgste, törichtste Kind! und raubtest ihm damit seine bessre Neigungen, die Seligkeit und Grundfeste seiner Natur; machtest es, wenn dir der unsinnige Plan gelänge, zum unerträglichsten Dinge in der Welt – einem Greise von drei Jahren.

Unser Jahrhundert hat sich den Namen: Philosophie! mit Scheidewasser vor die Stirn gezeichnet, das tief in den Kopf seine Kraft zu äußern scheint – ich habe also den Seitenblick dieser philosophischen Kritik der ältesten Zeiten, von der jetzt bekanntlich alle Philosophien der Geschichte, und Geschichten der Philosophie voll sind, mit einem Seitenblicke obwohl Unwillens und Ekels erwidern müssen, ohne dass ich mich um die Folgen des einen und des andern zu bekümmern nötig finde. Gehe hin, mein Leser, und fühle noch jetzt hinter Jahrtausenden die so lang erhaltne reine morgenländische Natur, belebe sie dir aus der Geschichte der ältesten Zeiten, und du wirst »Neigungen antreffen, wie sie nur in dem Lande, auf die Art, zu den großen Zwecken der Vorsehung aufs Menschengeschlecht hinab gebildet werden konnten« – welch ein Gemälde, wenn ich's dir liefern könnte, wie es war!

*

Die Vorsehung leitete den Faden der Entwicklung weiter – vom Euphrat, Oxus und Ganges herab, zum Nil und an die phönizischen Küsten – große Schritte!

Es ist selten ohne Ehrfurcht, dass ich mich vom alten Ägypten und von der Betrachtung entferne, was es in der Geschichte des menschlichen Geschlechts geworden! Land, wo ein Teil des Knabenalters der Menschheit an Neigungen und Kenntnissen gebildet werden sollte, wie in Orient die Kindheit! Ebenso leicht und unvermerkt als dort die Genese, war hier die Metamorphose.

Ägypten war ohne Viehweide und Hirtenleben: der Patriarchengeist der ersten Hütte ging also verloren. Aber aus Nilschlamm gebildet und von ihm befruchtet, gab's, beinahe ebenso leicht, den vortrefflichsten Ackerbau: also ward die Schäferwelt von Sitten, Neigungen, Kenntnissen ein Bezirk von Ackermenschen. Das Wanderleben hörte auf: es wurden feste Sitze, Landeigentum. Länder mussten ausgemessen, jedem das Seine bestimmt, jeder bei dem Seinen beschützt werden: jeden konnte man also auch bei dem Seinen finden – es ward Landessicherheit, Pflege der Gerechtigkeit, Ordnung, Polizei, wie alles im Wanderleben des Orients nie möglich gewesen: es ward *neue Welt*. Nun kam eine *Industrie* auf, wie sie der selige, müßige Hüttenwohner, der Pilger und Fremdling auf Erden, nicht gekannt hatte: *Künste* erfunden, die jener weder brauchte noch zu brauchen Lust fühlte. Bei dem Geist ägyptischer *Genauigkeit* und *Ackerfleißes* konnten diese Künste nicht anders, als zu einem hohen Grad *mechanischer Vollkommenheit* gelangen: der Sinn des *strengen Fleißes*, der *Sicherheit* und *Ordnung* ging durch alles: jeder war in der *Kunde der Gesetzgebung*, derselben mit Bedürfnis und Genuss verpflichtet: also ward auch der Mensch unter sie *gefesselt*: die Neigungen, die dort bloß väterlich, kindlich, schäfermäßig, patriarchisch gewesen waren, wurden hier *bürgerlich*, *dörflich*, *städtisch*. Das Kind war dem Flügelkleide entwachsen: der Knabe saß auf der Schulbank und lernte *Ordnung*, *Fleiß*, *Bürgersitten*.

Eine genaue Vergleichung des morgenländischen und ägyptischen Geistes müsste zeigen, dass meine Analogie, von menschlichen Lebensaltern hergenommen, nicht Spiel sei. Offenbar war allem, was beide Alter auch gemeinschaftlich hatten, der himmlische Anstrich genommen, und es mit *Erdehaltung* und *Ackerleim* versetzt: Ägyptens Kenntnisse waren nicht mehr väterliche Orakelsprüche der Gottheit, sondern schon *Gesetze*, *politische Regeln der Sicherheit*, und der Rest von jenen ward bloß als heiliges Bild an die Tafel gemalt, dass es nicht unterginge, dass der Knabe davor stehen, entwickeln und Weisheit lernen sollte. Ägyptens *Neigungen* nicht mehr so kindeszart als die in Orient: das Familiengefühl schwächte sich, und ward dafür *Sorge* für dieselbe, *Stand*, *Künstlertalent*, das sich mit dem Stande wie Haus und

Acker forterbte. Aus dem müßigen Zelte, wo der Mann herrschte, war eine Hütte der Arbeit geworden, wo auch das Weib schon Person war, wo der Patriarch jetzt als Künstler saß und sein Leben fristete. Die freie Aue Gottes voll Herden, ein Acker voll Dörfer und Städte: das Kind, was Milch und Honig aß, ein Knabe, der über seine Pflichten mit Kuchen belohnt wurde – – es webte neue Tugend durch alles, die wir ägyptischen Fleiß, Bürgertreue nennen wollen, die aber nicht orientalisches Gefühl war. Dem Morgenländer, wie ekelt ihm noch jetzt Ackerbau, Städteleben, Sklaverei in Kunstwerkstätten! wie wenig Anfänge hat er noch nach Jahrtausenden in alledem gemacht: er lebt und webt als ein freies Tier des Feldes. Der Ägypter im Gegenteil, wie hasste und ekelte er den Viehhirten, mit allem, was ihm anklebte! eben wie sich nachher der feinere Grieche wieder über den lastbaren Ägypter erhob – es hieß nichts, als dem Knaben ekelte das Kind in seinen Windeln, der Jüngling hasste den Schulkerker des Knaben; im Ganzen aber gehörten alle drei auf- und nacheinander. Der Ägypter ohne morgenländischen Kindesunterricht wäre nicht Ägypter, der Grieche ohne ägyptischen Schulfleiß nicht Grieche – eben ihr Hass zeigt Entwickelung, Fortgang, Stufen der Leiter!

Zum Erstaunen sind sie, die leichten Wege der Vorsehung: sie, die das Kind durch Religion lockte und erzog, entwickelte den Knaben durch nichts als Bedürfnisse und das liebe Muss der Schule. Ägypten hatte keine Weiden – der Einwohner musste also Ackerbau wohl lernen, wie sehr erleichterte sie ihm dies schwere Lernen durch den fruchtbringenden Nil. Ägypten hatte kein

Holz: man musste mit Stein bauen lernen: Steingruben gnug da: der Nil bequem da, sie fortzubringen – wie hoch ist die Kunst gestiegen! wie viel entwickelte sie andre Künste! Der Nil überschwemmte: man brauchte Ausmessungen, Ableitungen, Dämme, Kanäle, Städte, Dörfer – auf wie mancherlei Weise ward man am Erdkloß angeheftet! aber wie viel Einrichtung entwickelte auch der Erdkloß! Er ist mir auf der Karte nichts als Tafel voll Figuren, wo jeder Sinn entwickelt hat: so original dies Land und seine Produkte, so eine eigne Menschengattung! Der menschliche Verstand hat viel in ihm gelernt, und vielleicht ist keine Gegend der Erde, wo dies Lernen so offenbar Kultur des Bodens gewesen als hier. Sina ist noch sein Nachbild: man urteile und errate.

Auch hier wieder Torheit, eine einzige ägyptische Tugend aus dem Lande, der Zeit und dem Knabenalter des menschlichen Geistes herauszureißen und mit dem Maßstabe einer andern Zeit zu messen! Konnte, wie gezeigt, sich schon der Grieche so sehr am Ägypter irren und der Morgenländer den Ägypter hassen: so dünkt mich, sollt's doch erster Gedanke sein, ihn bloß auf seiner Stelle zu sehen, oder man sieht, zumal aus Europa her, die verzogenste Fratze. Die Entwicklung geschah aus Orient und der Kindheit herüber – natürlich musste also noch immer Religion, Furcht, Autorität, Despotismus das Vehikulum der Bildung werden: denn auch mit dem Knaben von sieben Jahren lässt sich noch nicht, wie mit Greis und Manne, vernünfteln. Natürlich musste also auch, nach unserm Geschmack, dies Vehikulum der Bildung harte Schlaube, oft solche Ungemächlichkeiten, so viel Krankheiten verursachen, die man Knabenstreitigkeiten und Kantonskriege nennt. Du kannst so viel Galle du willt über den ägyptischen Aberglauben und das Pfaffentum ausschütten, als z. B. jener liebenswürdige Plato Europens,[f] der nur alles zu sehr nach griechischem Urbilde modeln will, getan hat – alles wahr! alles gut, wenn das Ägyptentum für dein Land und deine Zeit sein sollte. Der Rock des Knaben ist allerdings für den Riesen zu kurz! und dem Jünglinge bei der Braut der Schulkerker anekelnd: aber siehe! dein Talar ist für jenen wieder zu lang, und siehst du nicht, wenn du etwas ägyptischen Geist kennest, wie deine bürgerliche Klugheit, philosophischer Deismus, leichte Tändelei, Umlauf in alle Welt, Toleranz, Artigkeit, Völkerrecht und wie der Kram weiter heiße, den Knaben wieder zum elenden Greisknaben würde gemacht haben. Er musste eingeschlossen sein; eine gewisse Privation von Kenntnissen, Neigungen und Tugenden musste da sein, um das zu entwickeln, was in ihm lag und jetzt in der Reihe der Weltbegebenheiten nur das Land, die Stelle entwickeln konnte! Also waren ihm diese Nachteile Vorteile oder unvermeidliche Übel, wie die Pflege mit fremden Ideen dem Kinde, Streifereien und Schulzucht dem Knaben – warum willt du ihn von seiner Stelle, aus seinem Lebensalter rücken – den armen Knaben töten? – – Welch eine große Bibliothek von solchen Büchern! bald die Ägypter zu alt gemacht, und aus ihren Hieroglyphen, Kunstanfängen, Polizeiverfassungen, welche Weisheit geklaubt![g] bald sie wieder gegen die Grie-

f *Shaftesbury*, Caract., T. III. Miscell.
g *Kircher*, *d'Origny*, *Blackwell* usw.

chen, so tief verachtet[h] – bloß weil sie Ägypter und nicht Griechen waren, wie meist die Liebhaber der Griechen, wenn sie aus ihrem Lieblingslande kamen. Offenbares Unrecht!

Der beste Geschichtschreiber der Kunst des Altertums, Winckelmann, hat über die Kunstwerke der Ägypter offenbar nur nach griechischem Maßstabe geurteilt, sie also verneinend sehr gut, aber nach eigner Natur und Art so wenig geschildert, dass fast bei jedem seiner Sätze in diesem Hauptstück das offenbar Einseitige und Schielende vorleuchtet. So Webb, wenn er ihre Literatur der griechischen entgegensetzt: so manche andre, die über ägyptische Sitten und Regierungsform gar mit europäischem Geist geschrieben haben. – Und da es den Ägyptern meistens so geht, dass man zu ihnen aus Griechenland und also mit bloß griechischem Auge kommt – wie kann's ihnen schlechter gehen? Aber teurer Grieche! diese Bildsäulen sollten nun nichts weniger (wie du aus allem wahrnehmen könntest) als Muster der schönen Kunst nach deinem Ideal sein! voll Reiz, Handlung, Bewegung, wo von allem der Ägypter nichts wusste, oder was sein Zweck ihm gerade wegschnitt. Mumien sollten sie sein! Erinnerungen an verstorbne Ältern oder Vorfahren nach aller Genauigkeit ihrer Gesichtszüge, Größe nach hundert festgesetzten Regeln, an die der Knabe gebunden war also natürlich eben ohne Reiz, ohne Handlung, ohne Bewegung, eben in dieser Grabesstellung mit Händ und Füßen voll Ruhe und Tod – ewige Marmormumien! siehe, das sollten sie sein und sind's auch! sind's im höchsten Mecha-

h *Wood, Webb, Winckelmann, Newton, Voltaire* bald eins, bald das andere, pro loco et tempore.

nischen der Kunst! im Ideal ihrer Absicht! – wie geht nun dein schöner Tadeltraum verloren! Wenn du auf zehnfache Weise den Knaben durch ein Vergrößerungsglas zum Riesen erhöbest und ihn belichtetest, du kannst nichts mehr in ihm erklären; alle Knabenhaltung ist weg, und ist doch nichts minder, als Riese!

*

Die Phönizier waren, oder wurden, so verwandt sie den Ägyptern waren, gewissermaßen ihre Gegenseite von Bildung. Jene, wenigstens in den spätern Zeiten, Hasser des Meers und der Fremden, um einheimisch nur »alle Anlagen und Künste ihres Landes zu entwickeln«; diese zogen sich hinter Berg und Wüste an eine Küste, um eine neue Welt auf dem Meere zu stiften – und auf welchem Meere? auf einem Inselnsunde, einem Busen zwischen Ländern, das recht dahin geleitet, mit Küsten, Inseln und Landspitzen gebildet zu sein schien, um einer Nation die Mühe des Schwimmens und Landsuchens zu erleichtern – wie berühmt bist du, Archipelag und Mittelmeer, in der Geschichte des menschlichen Geistes! Ein erster handelnder Staat, ganz auf Handel gegründet, der die Welt zuerst über Asien hinaus recht ausbreitete, Völker pflanzte und Völker band – welch ein großer neuer Schritt zur Entwicklung! Nun musste freilich das morgenländische Hirtenleben mit diesem werdenden Staat fast schon unvergleichbar werden: Familiengefühl, Religion und stiller Landgenuss des Lebens schwand: die Regimentsform tat einen gewaltigen Schritt zur Freiheit der Republik, von der weder Morgenländer noch Ägypter eigentlich Begriff gehabt. Auf einer handelnden Küste mussten bald wider Wissen und Willen gleichsam *Aristokratien* von Städten, Häusern und Familien werden – mit allem welch eine Veränderung in *Form menschlicher Gesellschaft!* Als also Hass gegen die Fremden und Verschlossenheit von andern Völkern schwand, ob der Phönizier gleich nicht aus Menschenliebe Nationen besuchte, es ward eine Art von *Völkerliebe, Völkerbekanntschaft, Völkerrecht* sichtbar, von dem denn nun wohl ganz natürlich ein eingeschlossner Stamm oder ein kolchisches Völkchen nichts wissen konnte. Die Welt wurde weiter: Menschengeschlechter *verbundner und enger:* mit dem Handel eine Menge Künste entwickelt, ein ganz neuer *Kunsttrieb* in Sonderheit, für *Vorteil, Bequemlichkeit, Üppigkeit und Pracht!* Auf einmal stieg der Fleiß der Menschen von der schweren Pyramidenindustrie und dem Ackerfleiße in ein »Niedliches kleinerer Beschäftigungen« hinunter. Statt jener unnützen, *teillosen* Obelisken wandte sich die Baukunst auf *teilvolle* und in jedem Teil *nutzbare* Schiffe. Aus der stummen, stehenden *Pyramide* ward der wandelnde, sprechende *Mast.* Hinter der Bildnerei und Werkarbeit der Ägypter ins Große und Ungeheure spielte man jetzt so vorteilhaft mit *Glas,* mit zerstücktem, gezeichnetem *Metall, Purpur* und *Leinwand, Gerätschaft* vom Libanon, *Schmuck, Gefäßen, Zierrat* – man spielt's fremden Nationen in die Hände – welch andre Welt von Beschäftigung! von Zweck, Nutzen, Neigung, Seelenanwendung! Nun musste natürlich aus der schweren, geheimnisreichen Hieroglyphenschrift »*leichte, abgekürzte, bräuchliche* Re-

chen- und Buchstabenkunst werden: nun musste der Bewohner des Schiffs und der Küste, der expatriierte *See-streicher* und *Völkerläufer* dem Bewohner des Zelts und der Ackerhütte ein ganz anderes Geschöpf dünken: der Morgenländer musste ihm vorwerfen können, dass er Menschliches, der Ägypter, dass er Vaterlandsgefühl geschwächt, jener, dass er Liebe und Leben, dieser, dass er Treue und Fleiß verloren: jener, dass er vom heiligen Gefühl der Religion nichts wisse, dieser, dass er das Geheime der Wissenschaften, wenigstens in Resten auf seine Handelsmärkte zur Schau getragen.« Alles wahr. Nur entwickelte sich dagegen auch etwas ganz anderes, (was ich zwar keineswegs mit jenem zu *vergleichen* willens bin: denn ich mag gar nicht *vergleichen!*), *phönizische Regsamkeit* und Klugheit, eine neue Art *Bequemlichkeit* und *Wohlleben*, der Übergang zum griechischen *Geschmack*, und eine Art *Völkerkunde*, der Übergang zur griechischen Freiheit. Ägypter und Phönizier waren also bei allem Kontraste der Denkart *Zwillinge* einer Mutter des Morgenlands, die nachher gemeinschaftlich Griechenland und so die Welt weiter hinaus bildeten. Also beide *Werkzeuge der Fortleitung* in den Händen des Schicksals, und wenn ich in der Allegorie bleiben darf, der Phönizier, der erwachsenere *Knabe*, der *umherlief* und die Reste der uralten Weisheit und Geschicklichkeit *mit leichterer Münze auf Märkte und Gassen* brachte. Was ist die Bildung Europens den betrügerischen, gewinnsüchtigen Phöniziern schuldig! – Und nun der schöne griechische *Jüngling*.

*

Wie wir uns vor allem der *Jünglingszeit* mit Lust und Freude erinnern, Kräfte und Glieder bis zur *Blüte des Lebens* ausgebildet: unsre Fähigkeiten bis zur angenehmen *Schwatzhaftigkeit* und *Freundschaft* entwickelt: alle Neigungen auf *Freiheit* und *Liebe*, *Lust* und *Freude* gestimmt, und alle nun im ersten süßen Tone – wie wir die Jahre fürs *güldne Alter* und für ein *Elysium unsrer Erinnerung* halten (denn wer erinnert sich seiner unentwickelten Kindheit?), die am glänzendsten ins Auge fallen, eben im *Aufbrechen der Blüte*, alle unsre künftige Würksamkeit und Hoffnungen im *Schoße tragend* – in der Geschichte der Menschheit wird *Griechenland* ewig der Platz bleiben, wo sie ihre *schönste Jugend* und *Brautblüte* verlebt hat. Der Knabe ist Hütte und Schule entwachsen und steht da – edler *Jüngling* mit schönen gesalbten Gliedern, *Liebling aller Grazien* und *Liebhaber aller Musen*, *Sieger in Olympia* und all' anderm Spiele, *Geist und Körper* zusammen nur *eine* blühende Blume!

Die Orakelsprüche der Kindheit und Lehrbilder der mühsamen *Schule* waren jetzt beinahe vergessen; der Jüngling entwickelte sich aber daraus alles, was er zu *Jugendweisheit* und *Tugend*, zu *Gesang* und *Freude*, *Lust* und *Leben* brauchte. Die groben Arbeitkünste verachtete er, wie die bloß barbarische Pracht und das zu einfache Hirtenleben; aber von allem brach er die *Blüte einer neuen schönen Natur*. – Handwerkerei ward durch ihn *schöne Kunst*: der dienstbare Landbau, freie *Bürgerzunft*, schwere Bedeutungsfülle des strengen Ägypten, *leichte*, *schöne griechische Liebhaberei* in aller Art. Nun, welche neue schöne Klasse von Neigungen und Fähigkeiten, von denen die frühere Zeit nichts wusste, zu denen sie aber Keim gab. Die *Regimentsform*, musste sie sich nicht vom orientalischen Vaterdespotismus durch die ägyptischen Landzünfte und halbe phönizische Aristokratien herabgeschwungen haben, ehe die schöne Idee einer *Republik in griechischem Sinne*, »Gehorsam mit Freiheit gepaart und mit dem Namen Vaterland umschlungen«, statthaben konnte? Die Blüte brach hervor: holdes Phänomenon der Natur! heißt »*griechische Freiheit*!« Die *Sitten* mussten sich vom orientalischen Vater- und ägyptischen Taglöhnersinn durch die phönizische Reiseklugheit gemildert haben: und siehe! die neue schöne Blüte brach hervor, »*griechische Leichtigkeit, Milde und Landesfreundschaft*«. Die Liebe musste den Schleier der Harems durch manche Stufen verdünnen, ehe sie das *schöne Spiel* der griechischen Venus, Amors und der Grazien ward. So *Mythologie, Poesie, Philosophie, schöne Künste*: Entwickelungen uralter Keime, die hier *Jahrszeit* und *Ort* fanden, zu blühen und in alle Welt zu duften. Griechenland ward die Wiege der *Menschlichkeit*, der Völkerliebe, der schönen Gesetzgebung, des Angenehmsten in Religion, Sitten, Schreibart, Dichtung, Gebräuchen und Künsten. – Alles Jugendfreude, Grazie, Spiel und Liebe!

Es ist zum Teil genug entwickelt, was für Umstände zu dieser einzigen Produktion des Menschengeschlechts beigetragen, und ich setze diese Umstände nur *ins Größere der allgemeinen Verbindung von Zeitläuften und Völkern*. Siehe dies schöne griechische Klima und in ihm das wohlgebildete Menschengeschlecht mit freier Stirn und feinen Sinnen – ein rechtes *Zwischenland der Kultur*, wo aus zwei Enden alles zusammenfloss, was sie so leicht und edel verwandelten! Die schöne Braut wurde von zweien Knaben bedient zur Rechten und Linken, sie tat nur *schön idealisieren*; eben die *Mischung* phönizischer und ägyptischer Denkart, deren eine der andern ihr Nationelles und ihren eckigten Eigensinn benahm, formte den griechischen Kopf zum Ideal, zur Freiheit. Jetzt die sonderbaren Anlässe ihrer *Teilung* und *Vereinigungen* von den frühesten Zeiten her: ihre Abtrennung in Völker, Republiken, Kolonien, und doch der *gemeinschaftliche Geist* derselben; Gefühl *einer* Nation, *eines* Vaterlands, *einer* Sprache! – Die besondern Gelegenheiten zu Bildung dieses *Allgemeingeists*, vom Zuge der Argonauten und dem Feldzuge gegen Troja an, bis zu den Siegen gegen die Perser und die Niederlage gegen den Mazedonier, da Griechenland starb! – Ihre Einrichtungen *gemeinschaftlicher Spiele* und Nacheiferungen, immer mit kleinen Unterschieden und Veränderungen, bei jedem kleinsten Erdstrich und Völkchen – alles und zehnfach mehr gab Griechenland eine *Einheit und Mannigfaltigkeit*, die auch hier das *schönste Ganze* machte. *Kampf* und *Beihülfe*, *Streben* und *Mäßigen*; die Kräfte des menschlichen Geistes kamen ins schönste Eben- und Unebenmaß – Harmonie der griechischen Leier!

Aber dass nun nicht eben damit unsäglich vieles von der alten frühern Stärke und Nahrung verlorengehen musste, wer wollte das leugnen? Da den ägyptischen Hieroglyphen ihre schwere Hülle abgestreift ward, so kann's immer sein, dass auch ein gewisses Tiefe, Bedeutungsvolle, Naturweise, was Charakter dieser Nation war, damit über See verduftete: der Grieche behielt nichts als schönes Bild, Spielwerk, Augenweide – nennt's gegen jenes Schwerere wie ihr wollt; gnug, er wollte nur dies! Der Religion des Morgenlandes ward ihr heiliger Schleier genommen: und natürlich, da alles auf Theater und Markt und Tanzplatz Schau getragen wurde, ward's in kurzem »Fabel, schön ausgedehnt, beschwatzet, gedichtet und neugedichtet – Jünglingstraum und Mädchensage!« die morgenländische Weisheit, dem Vorhange der Mysterien entnommen, ein schön Geschwätz, Lehrgebäude und Zänkerei der griechischen Schulen und Märkte. Der ägyptischen Kunst ward ihr schweres Handwerksgewand entnommen, und so verlor sich auch das zu genaue Mechanische und Künstlerstrenge, wornach die Griechen nicht strebten: der Koloss erniederte sich zur Bildsäule: der Riesentempel zum Schauplatz: ägyptische Ordnung und Sicherheit ließ in dem Vielfachen Griechenlands von selbst nach. Jener alte Priester konnte in mehr als einem Betracht sagen: »Oh, ihr ewigen Kinder, die ihr nichts wisst und so viel schwatzt, nichts habt und alles so schön vorzeiget«, und der alte Morgenländer aus seiner Patriarchenhütte würde noch heftiger sprechen – ihnen statt Religion, Menschheit und Tugend nur Buhlerei mit alle dem Schuld geben können usw. Sei's. Das menschliche Gefäß ist einmal keiner Vollkommenheit fähig: muss immer verlassen, indem es weiterrückt. Griechenland rückte weiter: ägyptische Industrie und Polizei konnte ihnen nicht helfen, weil sie kein Ägypten und keinen Nil – phönizische Handelsklugheit nicht helfen, weil sie keinen Libanus und kein Indien im Rücken hatten: zur orientalischen Erziehung war die Zeit vorbei – gnug! es ward, was es war – Griechenland! Urbild und

Vorbild aller Schöne, Grazie und Einfalt! Jugendblüte des menschlichen Geschlechts – o hätte sie ewig dauren können!

Ich glaube, der Stand, in den ich Griechenland stelle, trägt auch bei, »den ewigen Streit über die *Originalität der Griechen* oder ihre Nachahmung fremder Nationen« etwas zu entwirren: man hätte sich wie überall, also auch hier, lange vereinigt, hätte man sich nur besser verstanden. Dass Griechenland *Samenkörner* der Kultur, Sprache, Künste und Wissenschaften *anderswoher* erhalten, ist, dünkt mich, unleugbar, und es kann bei einigen, Bildhauerei, Baukunst, Mythologie, Literatur, offenbar gezeigt werden. Aber dass die Griechen dies alles so gut als nicht erhalten, dass sie ihm ganz *neue Natur angeschaffen*, dass in jeder Art das »*Schöne*« im eigentlichen Verstande des Worts ganz gewiss ihr Werk sei – das, glaube ich, wird aus einiger Fortleitung der Ideen ebenso gewiss. Nichts Orientalisches, Phönizisches und Ägyptisches behielt seine Art mehr: es ward *Griechisch*, und in manchem Betracht waren sie fast *zu sehr* Originale, die alles nach ihrer Art *um-* und *einkleideten*. Von der größten Erfindung und der wichtigsten Geschichte an, bis auf Wort und Zeichen – alles ist davon voll: von Schritt zu Schritt, bei allen Nationen ist's ebenfalls so – wer weiter System bauen oder über Namen streiten will, streite!

Es kam das *Mannesalter* menschlicher Kräfte und Bestrebungen – die *Römer*. Gegen die Griechen hat Virgil auf einmal sie geschildert, jenen schöne Künste und Jugendübungen überlassen:

tu *regere imperio* populos, Romane, memento.

Ungefähr damit auch gegen die Nordländer ihren Zug geschildert, die es ihnen vielleicht an barbarischer Härte, Stärke im Anfalle und roher Tapferkeit zuvortaten; aber –

tu regere imperio populos –

Römertapferkeit idealisiert: Römertugend! Römersinn! Römerstolz! Die großmütige Anlage der Seele, über Wollüste, Weichlichkeit und selbst das feinere Vergnügen hinwegzusehen und fürs Vaterland zu würken: der gefasste Heldenmut, nie tollkühn zu sein und sich in Gefahr zu stürzen, sondern zu harren, zu überlegen, zu bereiten und zu tun: es war der unerschütterte Gang, durch nichts, was Hindernis heißt, sich abschrecken zu lassen, eben im Unglück am größten zu sein und nicht zu verzweifeln: es war endlich der große, immer unterhaltene Plan, mit nichts wenigerm sich zu begnügen, als bis ihr Adler den Weltkreis deckte. – – Wer zu allen diesen Eigenschaften ein vielwichtiges Wort prägen, darin zugleich ihre männliche Gerechtigkeit, Klugheit, das Volle ihrer Entwürfe, Entschließungen, Ausführungen und überhaupt aller Geschäfte ihres Weltbaus begreifen kann, der nenne es. – Gnug, hier stand der Mann, der des Jünglings genoss und brauchte, für sich aber nur Wunder der Tapferkeit und Männlichkeit tun wollte; mit Kopf, Herz und Armen!

Auf welcher Höhe hat das römische Volk gestanden, welchen Riesentempel auf dieser Höhe erbaut! Sein Staats- und Kriegsgebäude, dessen Plan und Mittel zur Ausführung – Kolossus für alle Welt! Konnte in Rom ein Bubenstück begangen werden, ohne dass Blut in drei Erdteilen floss? und die großen würdigen Leute dieses Reichs, wo? und wie? würkten sie hinaus! was für Glieder dieser großen Maschine fast unwissend mit so leichten Kräften bewogen! wohin alle ihre Werkzeuge erhöht und befestigt: Senat und Kriegskunst – Gesetze und Zucht – Römerzweck und Stärke, ihn auszuführen – ich schaure! Was bei den Griechen Spiel, Jugendprobe gewesen war, ward bei ihnen ernsthafte, feste Einrichtung: die griechischen Muster auf einem kleinen Schauplatze, einer Erdenge, einer kleinen Republik, auf der Höhe und mit der Stärke aufgeführt, wurden Schautaten der Welt.

Wie man auch die Sache nehme: es war »Reife des Schicksals der alten Welt«. Der Stamm des Baums zu seiner größern Höhe erwachsen, strebte, Völker und Nationen unter seinen Schatten zu nehmen, in Zweige. Mit Griechen, Phöniziern, Ägyptern und Morgenländern zu wetteifern, haben die Römer nie zu ihrer Hauptsache gemacht; aber indem sie alles, was vor ihnen war, männlich anwandten – was wurde für ein römischer Erdkreis! Der Name knüpfte Völker und Weltstriche zusammen, die sich voraus nicht dem Laut nach gekannt hatten. Römische Provinzen! in allen wandelten Römer, römische Legionen, Gesetze, Vorbilder von Sitten, Tugenden und Lastern. Die Mauer ward zerbrochen, die Nation von Nation schied, der erste Schritt gemacht, die Nationalcharaktere aller zu zerstören, alle in eine Form zu werfen, die »Römervolk« hieß. Natürlich war der erste Schritt noch nicht das Werk: jede Nation blieb bei ihren Rechten, Freiheiten, Sitten und Religion; ja, die Römer schmeichelten ihnen, eine Puppe der letzten selbst mit in ihre Stadt zu bringen. Aber die Mauer lag. Jahrhunderte von Römerherrschaft –

wie man in allen Weltteilen, wo sie gewesen sind, siehet – würkten sehr viel: *Sturm, der die innersten Kammern der Nationaldenkart jedes Volks durchdrang:* mit der Zeit wurden die Bande immer fester, endlich sollte das ganze römische Reich gleichsam nur Stadt Rom werden – alle Untertanen Bürger – bis es selbst sank.

Auf keine Weise noch von Vorteil oder Nachteil geredet, allein von *Würkung.* Wenn alle Völker unter dem römischen Joche gewissermaße die Völker zu sein aufhörten, die sie waren, und also über die ganze Erde eine Staatskunst, Kriegskunst und Völkerrecht eingeführt wurde, wovon voraus noch kein Beispiel gewesen war: da die Maschine *stand,* und da die Maschine *fiel,* und da die Trümmern alle Nationen der römischen Erde *bedeckten* – gibt's in aller Geschichte der Jahrhunderte einen größern Anblick! Alle Nationen von oder auf diesen Trümmern *bauend!* Völlig neue Welt von Sprachen, Sitten, Neigungen und Völkern – es beginnet eine andre Zeit – Anblick, wie aufs weite offenbare Meer neuer Nationen. – Lasset uns indessen noch vom Ufer einen Blick auf die Völker werfen, deren Geschichte wir durchlaufen sind.

*

1. Niemand in der Welt fühlt die *Schwäche des allgemeinen Charakterisierens* mehr als ich. Man malet ein ganzes Volk, Zeitalter, Erdstrich – wen hat man gemalt? Man fasset aufeinanderfolgende Völker und Zeitläufte, in einer ewigen Abwechslung, wie Wogen des Meeres, zusammen – wen hat man gemalt? wen hat das schildernde Wort getroffen? – Endlich, man fasst sie doch in nichts als

ein allgemeines Wort zusammen, wo jeder vielleicht denkt und fühlt, was er will – unvollkommenes Mittel der Schilderung! wie kann man missverstanden werden! –

Wer bemerkt hat, was es für eine unaussprechliche Sache mit der Eigenheit eines Menschen sei, das Unterscheidende unterscheidend sagen zu können? wie er fühlt und lebet? wie anders und eigen ihm alle Dinge werden, nachdem sie sein Auge siehet, seine Seele misst, sein Herz empfindet – welche Tiefe in dem Charakter nur einer Nation liege, die, wenn man sie auch oft gnug wahrgenommen und angestaunet hat, doch so sehr das Wort fleucht und im Worte wenigstens so selten einem jeden anerkennbar wird, dass er verstehe und mitfühle – ist das, wie? wenn man das Weltmeer ganzer Völker, Zeiten und Länder übersehen, in einen Blick, ein Gefühl, ein Wort fassen soll! Mattes, halbes Schattenbild vom Worte! Das ganze lebendige Gemälde von Lebensart, Gewohnheiten, Bedürfnissen, Landes- und Himmelseigenheiten müsste dazu kommen oder vorhergegangen sein; man müsste erst der Nation sympathisieren, um eine einzige ihrer Neigungen und Handlungen, alle zusammen zu fühlen, ein Wort finden, in seiner Fülle sich alles denken – oder man lieset – ein Wort.

Wir glauben alle, noch jetzt väterliche und häusliche und menschliche Triebe zu haben, wie sie der Morgenländer: Treue und Künstlerfleiß haben zu können, wie sie der Ägypter besaß: phönizische Regsamkeit, griechische Freiheitliebe, römische Seelenstärke – wer glaubt nicht zu dem allen Anlage zu fühlen, wenn nur Zeit, Gelegenheit – und siehe! mein Leser, eben da sind wir. Der feigste Bösewicht hat ohne Zweifel zum großmütigsten Helden noch immer entfernte Anlage und Möglichkeit; aber zwischen dieser und »*dem ganzen Gefühl des Seins*, der *Existenz in solchem Charakter*« – Kluft! Fehlte es dir also auch an nichts als an *Zeit*, an *Gelegenheit*, deine Anlagen zum Morgenländer, zum Griechen, zum Römer in Fertigkeiten und gediegne Triebe zu verwandeln – Kluft! nur von Trieben und Fertigkeiten ist die Rede. *Ganze Natur* der Seele, die durch alles *herrscht*, die alle übrigen Neigungen und Seelenkräfte *nach sich modelt*, noch auch die gleichgültigsten Handlungen *färbet* – um diese mitzufühlen, antworte nicht aus dem Worte, sondern gehe in das Zeitalter, in die Himmelsgegend, die ganze Geschichte, fühle dich in alles hinein – nun allein bist du auf dem Wege, das Wort zu verstehen; nun allein aber wird dir auch der Gedanke schwinden, »als ob alles das einzeln oder zusammengenommen auch du seist!« Du alles zusammengenommen? Quintessenz aller Zeiten und Völker? das zeigt schon die Torheit!

Charakter der Nationen! Allein *Data* ihrer Verfassung und Geschichte müssen entscheiden. Hat nicht ein Patriarch, aber außer den Neigungen, die »du ihm beimissest, auch andre gehabt? haben können?« ich sage zu beiden bloß: Allerdings! Allerdings hatte er andre, *Nebenzüge*, die sich aus dem, was ich gesagt oder nicht gesagt, von selbst verstehen, die ich, und vielleicht andre mit mir, denen seine Geschichte vorschwebt, in dem Worte schon anerkennen, und noch lieber, dass er weit andres haben *können* – auf *anderm* Ort, zu *der* Zeit, mit dem Fortschritte der Bildung, unter den *andern Umständen* – warum da nicht Leonidas, Cäsar und Abraham ein *artiger Mann* unsres Jahrhunderts? sein können! aber war's nicht: darüber frage die Geschichte: davon ist die Rede.

So mache ich mich ebenfalls auf kleinfügige Widersprüche gefasst, aus dem großen Detail von Völkern und Zeiten. Dass kein Volk lange geblieben und bleiben konnte, was es war, dass jedes, wie jede Kunst und Wissenschaft, und was in der Welt nicht? seine Periode des Wachstums, der Blüte und der Abnahme gehabt; dass jedwede dieser Veränderungen nur das Minimum von Zeit gedauert, was ihr auf dem Rade des menschlichen Schicksals gegeben werden konnte – dass endlich in der Welt keine zwei Augenblicke dieselbe sind – dass also Ägypter, Römer und Grieche auch nicht zu allen Zeiten dieselben gewesen – ich zittre, wenn ich denke, was weise Leute, zumal Geschichtkenner, für weise Einwendungen hierüber machen können! Griechenland bestand aus vielen Ländern: Athenienser und Böotier, Spartaner und Korinthier war sich nichts minder, als gleich – – Trieb man nicht auch in Asien den Ackerbau? Haben nicht Ägypter einmal ebenso gut gehandelt wie Phönizier? Waren die Mazedonier nicht ebenso wohl Eroberer als die Römer? Aristoteles nicht ebenso ein spekulativer Kopf als Leibniz? Übertrafen unsre nordischen Völker nicht die Römer an Tapferkeit? Waren alle Ägypter, Griechen, Römer – sind alle Ratten und Mäuse einander gleich – nein! aber sie sind doch Ratten und Mäuse!

Wie verdrüsslich muss es werden, zum Publikum zu reden, wo man vom schreienden Teile (der edler denkende Teil schweigt!) sich immer dergleichen und noch ärgere Einwendungen und in welchem Tone vorgetragen, versehen muss, und sich's denn zugleich versehen muss, dass der große Haufe Schafe, der nicht weiß, was rechts und links ist, dem sogleich nachwähne! Kann's ein allgemeines Bild ohne Untereinander- und Zusammenordnung? kann's eine weite Aussicht geben, ohne Höhe? Wenn du das Angesicht dicht an dem Bilde hältst, an diesem Spane schnitzelst, an jenem Farbenklümpchen klaubest: nie siehest du das ganze Bild – siehest nichts weniger als Bild! Und wenn dein Kopf von einer Gruppe, in die du dich vernarrt hast, voll ist, kann dein Blick wohl ein Ganzes so abwechselnder Zeitläufte umfassen? ordnen? sanft verfolgen? bei jeder Szene nur Hauptwürkung absondern? die Verflößungen still begleiten? und nun – – nennen! Kannst du aber nichts von alledem: die Geschichte flimmert und fackelt dir vor den Augen! ein Gewirre von Szenen, Völkern, Zeitläuften – lies erst und lerne sehen! Übrigens weiß ich's wie du, dass jedes allgemeine Bild, jeder allgemeine Begriff nur Abstraktion sei – Schöpfer allein ist's, der die ganze Einheit, einer, aller Nationen, in all ihrer Mannigfaltigkeit denkt, ohne dass ihm dadurch die Einheit schwinde.

11. Also von diesen kleinfügigen Einwendungen, Zweck und Gesichtspunkt verfehlend, hinweg! hingestellt in die Absicht des großen Folgeganzen – wie elend werden »manche Modeurteile unsres Jahrhunderts über Vorzüge, Tugenden, Glückseligkeit so entfernter, so abwechselnder Nationen, aus bloß allgemeinen Begriffen der Schule!«

Ist die menschliche Natur keine im Guten selbständige Gottheit: sie muss alles lernen, durch Fortgänge gebildet werden, im allmählichen Kampf immer weiterschreiten; natürlich wird sie also von den Seiten am meisten oder allein gebildet, wo sie dergleichen Anlässe zur Tugend, zum Kampf, zum Fortgange hat – in gewissem Betracht ist also jede menschliche Vollkommenheit national, säkular und, am genauesten betrachtet, individuell. Man bildet nichts aus, als wozu Zeit, Klima, Bedürfnis, Welt, Schicksal Anlass gibt: vom Übrigen abgekehrt: die Neigungen oder Fähigkeiten, im Herzen schlummernd, können nimmer Fertigkeiten werden; die Nation kann also bei Tugenden der erhabensten Gattung von einer Seite, von einer andern Mängel haben, Ausnahmen machen, Widersprüche und Ungewissheiten zeigen, die in Erstaunen setzen; aber niemanden, als der sein idealisch Schattenbild von Tugend aus dem Kompendium seines Jahrhunderts mitbringt und Philosophie gnug hat, um auf einem Erdenfleck die ganze Erde finden zu wollen, sonst keinen! Für jeden, der menschliches Herz aus dem Elemente seiner Lebensumstände erkennen will, sind dergleichen Ausnahmen und Widersprüche vollkommen menschlich: Proportion von Kräften und Neigungen zu einem gewissen Zwecke, der ohne jene nimmer erreicht werden könnte; also gar keine Ausnahmen, sondern Regel.

Sei's, mein Freund, dass jene kindliche orientalische Religion, jene Anhänglichkeit an das weichste Gefühl des menschlichen Lebens auf der andern Seite Schwächen gebe, die du nach dem Muster andrer Zeiten verdammest. Ein Patriarch kann kein römischer Held, kein griechischer Wettläufer, kein Kaufmann von der Küste sein; und ebenso wenig, wozu ihn das Ideal deines Katheders oder deiner Laune hinaufschraubte, um ihn falsch zu loben oder bitter zu verdammen. Sei's, dass er nach spätern Vorbildern dir furchtsam, todscheu, weichlich, unwissend, müßig, abergläubisch, wenn du Galle im Auge hast, abscheulich vorkäme: er ist, wozu ihn Gott, Klima, Zeit und Stufe des Weltalters bilden konnte, Patriarch! – hat also gegen alle Verluste späterer Zeiten, Unschuld, Gottesfurcht, Menschlichkeit: in denen er für jedes späte Zeitalter ewig ein Gott sein wird! der Ägypter kriechend, sklavisch, ein Erdtier, abergläubisch und traurig, hart gegen Fremde, ein gedankenloses Geschöpf der Gewohnheit – hier gegen den leichten, alles schön bildenden Griechen, dort gegen einen Menschenfreund im hohen Geschmack unsers Jahrhunderts, der alle Weisheit im Kopfe und alle Welt im Busen trägt – welche Figur! Aber nun auch jenes Unverdrossenheit, Treue, starke Ruhe – kannst du die mit der griechischen Knabenfreundschaft und Jugendbuhlerei um alles Schöne und Angenehme vergleichen? und wieder griechische Leichtigkeit, Tändelei mit Religion, Mangel gewisser Liebe, Zucht und Ehrbarkeit verkennen, wenn du ein Ideal, weiß nicht wessen, nehmen wolltest? Konnten aber jene Vollkommenheiten ohne diese Mängel in dem Maße und Grade ausgebildet werden? Die Vorsehung selbst, siehest du, hat's nicht gefodert, hat nur in der A b w e c h s l u n g, in dem W e i t e r l e i t e n d u r c h W e c k u n g n e u e r K r ä f t e und E r s t e r b u n g a n d r e r ihren Zweck erreichen wollen – Philosoph im nordischen Erdental, die Kinderwaage deines Jahrhunderts in der Hand, weißt du es besser als sie?

Machtsprüche Lobes und Tadels, die wir aus einem aufgefundenen Lieblingsvolke des Altertums, in das wir uns vergafften, auf alle Welt schütten – welches Rechtes seid ihr! Jene Römer konnten sein, wie keine Nation; tun, was keiner nachtut: sie waren Römer. Auf einer Welthöhe, und alles rings um sie Tal. Auf der Höhe von Jugend auf, zu dem Römersinn gebildet, handelten in ihm – was Wunder? Und was Wunder, dass ein kleines Hirten- und Ackervolk in einem Tale der Erde nicht eisernes Tier war, was so handeln konnte? Und was Wunder, dass dies wieder Tugenden hatte, die der edelste Römer nicht, und der edelste Römer auf seiner Höhe, im Drange der Not, Grausamkeiten mit kaltem Blute beschließen konnte, die der Hirte im kleinen Tale denn nun wieder nicht auf der Seele hatte. Auf dem Gipfel jener Riesenmaschine war leider! die Aufopferung oft Kleinigkeit, oft Not, oft (arme Menschheit, welcher Zustände bist du fähig!) oft Wohltat. Eben die Maschine, die weitreichende Laster möglich machte, war's, die auch Tugenden so hoch hob, Würksamkeit so weit ausbreitete: ist die Menschheit überhaupt in einem jetzigen Zustande reiner Vollkommenheit fähig? Gipfel grenzt an Tal. Um edle Spartaner wohnen unmenschlich behandelte Heloten. Der römische Triumphator, mit Götterröte gefärbt, ist unsichtbar auch mit Blute getüncht: Raub, Frevel und Wollüste sind um seinen Wagen: vor ihm her Unterdrückung: Elend und Armut zieht ihm nach. – Mangel und Tugend wohnen also auch in diesem Verstande in einer menschlichen Hütte immer beisammen.

Schöne Dichtkunst, ein Lieblingsvolk der Erde, in übermenschlichen Glanz zu zaubern – auch ist die Dichtkunst nützlich, denn der Mensch wird auch durch schöne Vorurteile veredelt – aber wenn der Dichter ein Geschichtschreiber, ein Philosoph ist, wie es die meisten zu sein vorgeben, und die denn nach der einen Form ihrer Zeit – oft ist sie sehr klein und schwach! – alle Jahrhunderte modeln – Hume! Voltaire! Robertsons! klassische

Gespenster der Dämmerung! was seid ihr im Lichte der Wahrheit?

Eine gelehrte Gesellschaft unsrer Zeit[1] gab, ohne Zweifel in hoher Absicht, die Frage auf: »*welches in der Geschichte wohl das glücklichste Volk gewesen?*« und verstehe ich die Frage recht, liegt sie nicht außer dem Horizont einer menschlichen Beantwortung, so weiß ich nicht, als zu gewisser Zeit und unter gewissen Umständen traf auf jedes Volk ein solcher Zeitpunkt, oder es war's *nie eines*. Ist nämlich wiederum menschliche Natur kein Gefäß einer *absoluten*, *unabhängigen*, *unwandelbaren Glückseligkeit*, wie der Philosoph sie definiert: sie zieht aber überall *so viel Glückseligkeit* an, als *sie kann*: ein *biegsamer Ton*, sich in den verschiedensten Lagen, Bedürfnissen und Bedrückungen auch verschieden zu formen: selbst das Bild der Glückseligkeit *wandelt* mit jedem Zustande und Himmelsstriche – (denn was ist dies je anders als die *Summe* von »*Wunschbefriedigungen*, *Zweckerreichungen* und *sanftem Überwinden der Bedürfnisse*«, die sich doch alle nach *Land*, *Zeit* und *Ort* gestalten?) im Grunde also wird alle *Vergleichung misslich*. Sobald sich der innerliche *Sinn* der Glückseligkeit, die *Neigung* verändert hat: sobald die äußern *Gelegenheiten* und *Bedürfnisse* den andern Sinn bilden und befestigen – wer kann die *verschiedene* Befriedigung *verschiedner* Sinne in *verschiednen* Welten vergleichen? den Hirten

[1] Die Herren müssen ein erschrecklich hohes Ideal gehabt haben, denn meines Wissens haben sie keine ihrer philosophischen Aufgaben je erreicht gefunden.

und Vater des Orients, den Ackermann und Künstler, den Schiffer, Wettläufer, Überwinder der Welt – wer vergleichen? – – Im Lorbeerkranze oder am Anblicke der gesegneten Herde, am Warenschiffe und erbeuteten Feldzeichen liegt nichts – aber an der *Seele*, die das *brauchte*, darnach *strebte*, das nun *erreicht* hat, und nichts anders als das erreichen wollte – jede Nation hat ihren *Mittelpunkt* der Glückseligkeit *in sich*, wie jede Kugel ihren Schwerpunkt!

Gut hat auch hier die gute Mutter gesorgt. Sie legte Anlagen zu der *Mannigfaltigkeit* ins Herz, machte jede aber an sich selbst so wenig *dringend*, dass, wenn nur *einige* befriedigt werden, sich die Seele bald aus diesen erweckten Tönen ein *Konzert* bildet und die unerweckten nicht fühlet als wiefern sie *stumm* und dunkel den lautenden Gesang unterstützen. Sie legte Anlagen von Mannigfaltigkeit ins Herz, nun einen Teil der Mannigfaltigkeit im Kreise um uns, uns zu Händen: nun *mäßigte* sie den menschlichen Blick, dass nach einer kleinen Zeit der Gewohnheit ihm dieser Kreis *Horizont* wurde – nicht drüber zu blicken: kaum drüber zu ahnden! Alles was mit meiner Natur noch *gleichartig* ist, was in sie *assimiliert* werden kann, beneide ich, streb's an, mache mir's zu eigen; darüber hinaus hat mich die gütige Natur mit *Fühllosigkeit*, *Kälte* und *Blindheit* bewaffnet; – sie kann gar *Verachtung* und *Ekel* werden – hat aber nur zum Zweck, mich *auf mich selbst* zurückzustoßen, mir auf dem *Mittelpunkt* Gnüge zu geben, der mich trägt. Der Grieche macht sich so viel vom Ägypter, der Römer vom Griechen zu eigen, als er für sich braucht: er ist gesättigt, das Übrige *fällt zu Boden*, und er strebt's nicht an! Oder wenn in dieser Ausbildung eigner Nationalneigungen zu eigner Nationalglückseligkeit der *Abstand zwischen Volk und Volk* schon zu weit gediehen ist: siehe, wie der Ägypter den Hirten, den Landstreicher *hasset*! wie er den leichtsinnigen Griechen *verachtet*! So jede zwo Nationen, deren Neigungen und Kreise der Glückseligkeit *sich stoßen* – man nennt's *Vorurteil! Pöbelei!* eingeschränkten *Nationalism!* Das Vorurteil ist *gut*, zu seiner Zeit: denn es macht *glücklich*. Es drängt Völker zu ihrem *Mittelpunkte* zusammen, macht sie fester auf ihrem Stamme, blühender *in ihrer Art*, brünstiger und also auch glückseliger in ihren Neigungen und Zwecken. Die unwissendste, vorurteilendste Nation ist in solchem Betracht oft die erste: das Zeitalter fremder Wunschwanderungen und ausländischer Hoffnungsfahrten ist schon *Krankheit, Blähung, ungesunde Fülle, Ahndung des Todes!*

III. Und der *allgemeine, philosophische, menschenfreundliche Ton* unsres Jahrhunderts gönnet jeder entfernten Nation, jedem ältesten Zeitalter der Welt, an Tugend und Glückseligkeit so gern »unser eigen Ideal«? ist so alleiniger Richter, ihre Sitten nach sich allein zu *beurteilen? zu verdammen?* oder schön zu *dichten?* Ist nicht das Gute auf der Erde *ausgestreut?* Weil eine Gestalt der Menschheit und ein Erdstrich es nicht fassen konnte, ward's verteilt in tausend Gestalten, wandelt – ein ewiger Proteus! durch alle Weltteile und Jahrhunderte hin – auch, wie er wandelt und fortwandelt, ist's nicht größere Tugend oder Glückseligkeit des Einzelnen, worauf er strebet, die Menschheit bleibt immer nur Menschheit – und doch wird ein Plan des Fortstrebens sichtbar – mein großes Thema!

Wer's bisher unternommen, den Fortgang der Jahrhunderte zu entwickeln, hat meistens die Lieblingsidee auf der Fahrt: Fortgang zu mehrerer Tugend und Glückseligkeit einzelner Menschen. Dazu hat man alsdenn Fakta erhöhet oder erdichtet: Gegenfakta verkleinert oder verschwiegen; ganze Seiten bedeckt; Wörter für Wörter genommen, Aufklärung für Glückseligkeit, mehrere und feinere Ideen für Tugend – und so hat man »von der allgemein fortgehenden Verbesserung der Welt« Romane gemacht – die keiner glaubte, wenigstens nicht der wahre Schüler der Geschichte und des menschlichen Herzens.

Andre, die das Leidige dieses Traums sahen und nichts Bessers wussten – sahen Laster und Tugenden wie Klimaten wechseln, Vollkommenheiten wie einen Frühling von Blättern entstehen und untergehen, menschliche Sitten und Neigungen wie Blätter des Schicksals fliegen, sich umschlagen – kein Plan! kein Fortgang! ewige Revolution – Weben und Aufreißen! – Penelopische Arbeit! – Sie fielen in einen Strudel, Skeptizismus an aller Tugend, Glückseligkeit und Bestimmung des Menschen, in den sie alle Geschichte, Religion und Sittenlehre flochten – – der neueste Modeton der neuesten, in Sonderheit französischen Philosophen,[k]

k Der gute ehrliche *Montaigne* fing an; der Dialektiker *Bayle*, ein Raisonneur, dessen Widersprüche nach Artikeln seiner Gedankenform, des Diktionärs, *Crousaz* und *Leibniz* gewiss nicht haben vergüten können, würkte aufs Jahrhundert weiter. Und denn die neuern Philosophen, Allanzweifler mit eigenen kühnsten Behaup-

ist Zweifel! Zweifel in hundert Gestalten, alle aber mit dem blendenden Titel »aus der Geschichte der Welt!« Widersprüche und Meereswogen: man scheitert, oder was man von Moralität und Philosophie aus dem Schiffbruche rettet, ist kaum der Rede wert.

Sollte es nicht offenbaren Fortgang und Entwicklung aber in einem höhern Sinne geben, als man's gewähnet hat? Siehest du diesen Strom fortschwimmen: wie er aus einer kleinen Quelle entsprang, wächst, dort abreißt, hier ansetzt, sich immer schlängelt und weitet und tiefer bohret – bleibt aber immer Wasser! Strom! Tropfe! immer nur Tropfe, bis er ins Meer stürzt – wenn's so mit dem menschlichen Geschlechte wäre? Oder siehest du jenen wachsenden Baum! jenen emporstrebenden Menschen! er muss durch verschiedne Lebensalter hindurch! alle offenbar im Fortgange! ein Streben aufeinander in Kontinuität! Zwischen jedem sind scheinbare Ruheplätze, Revolutionen! Veränderungen! und dennoch hat jedes den Mittelpunkt seiner Glückseligkeit in sich selbst! Der Jüngling ist nicht glücklicher als das unschuldige, zufriedne Kind: noch der ruhige Greis unglücklicher als der heftig strebende Mann: der Pendul schlägt immer mit gleicher Kraft, wenn er am weitesten ausholt und desto schneller strebt, oder wenn er am langsamsten schwanket und sich der Ruhe nähert. Indes ist's doch ein ewiges Streben! Niemand ist in seinem Alter allein, er bauet auf das Vorige, dies wird nichts als Grundlage der Zukunft, will nichts als solche sein – so spricht die Ana-

tungen, *Voltaire*, *Hume*, selbst die *Diderots* – es ist das große Jahrhundert des Zweifelns und Wellenerregens.

logie in der *Natur*, das redende *Vorbild Gottes* in *allen Werken!* offenbar so im Menschengeschlechte! Der Ägypter konnte nicht ohne den Orientalier sein, der Grieche bauete auf jene, der Römer hob sich auf den Rücken der ganzen Welt – wahrhaftig *Fortgang, fortgehende Entwicklung*, wenn auch kein Einzelnes dabei gewönne! Es geht ins Große! es wird, womit die Hülsengeschichte so sehr prahlet, und wovon sie so wenig zeigt – *Schauplatz einer leitenden Absicht auf Erden!* wenn wir gleich nicht die letzte Absicht sehen sollten, Schauplatz der Gottheit, wenngleich nur durch *Öffnungen und Trümmer einzelner Szenen.*

Wenigstens ist der Blick weiter als jene Philosophie, die unter-über mischt, nur immer hie und da, bei einzelnen *Verwirrungen* sich aufhält, um alles zum *Ameisenspiele*, zum Gestrebe einzelner Neigungen und Kräfte ohne Zweck, zum Chaos zu machen, in dem man an Tugend, Zweck und Gottheit verzweifelt! Wenn's mir gelänge, die disparatsten Szenen zu *binden*, ohne sie zu *verwirren* – zu zeigen, wie sie sich aufeinander *beziehen*, aus einander *erwachsen*, sich ineinander *verlieren*, alle im Einzelnen nur Momente, durch den Fortgang allein *Mittel zu Zwecken* – welch ein *Anblick!* welch edle *Anwendung der menschlichen Geschichte!* welche *Aufmunterung zu hoffen, zu handeln, zu glauben, selbst wo man nichts oder nicht alles sieht!* – Ich fahre fort – – –

Zweiter Abschnitt

Auch die *römische Weltverfassung* erreichte ihr Ende, und je größer das Gebäude, je höher es stand, mit desto größerm Sturze fiel's! die halbe Welt war Trümmer. Völker und Erdteile hatten unter dem Baume gewohnt und nun, da die Stimme der heiligen Wächter rief: »Haut ihn ab!« – welch eine große Leere! wie ein Riss im Faden der Weltbegebenheiten! Nichts minder, als eine *neue Welt* war nötig, den Riss zu heilen.

Norden war's. Und was man auch nun über den Zustand dieser Völker für Ursprünge und Systeme ersinnen mag: das Simpelste scheint das Wahrste: in Ruhe waren's gleichsam »*Patriarchien wie sie in Norden sein konnten*«. Da unter *solchem Klima* kein morgenländisches Hirtenleben möglich war, *schwerere Bedürfnisse* hier den menschlichen Geist mehr druckten als wo die Natur fast allein für den Menschen würkte; eben die schwereren Bedürfnisse und die Nordluft die Menschen aber mehr *härtete* als sie im warmen, aromatischen Treibhause Osts und Süds gehärtet werden konnten: natürlich blieb ihr Zustand *roher*, ihre kleine Gesellschaften *getrennter* und *wilder*: aber die menschlichen Bande noch in *Stärke*, menschlicher Trieb und Kraft in Fülle. – Da konnte das Land werden, was Tacitus beschreibt. Und als dies nordische Meer von Völkern mit allen Wogen in Bewegung geriet, Wogen drängten Wogen, Völker andre Völker! Mauer und Damm um Rom war zerrissen: sie selbst hatten ihnen die Lücken gezeigt und sie herbeigelockt, daran zu flicken – endlich da alles brach, welche Überschwemmung des Süds durch den Nord! und nach allen Umwälzungen und Abscheulichkeiten, welche neue nordsüdliche Welt!

Wer den Zustand der römischen Länder (und sie waren damals das gebildete Universum!) in den letzten Jahrhunderten bemerket, wird diesen Weg der Vorsehung, einen so sonderbaren Ersatz menschlicher Kräfte zu bereiten, anstaunen und bewundern. Alles war erschöpft, entnervt, zerrüttet: von Menschen verlassen, von entnervten Menschen bewohnt, in Üppigkeit, Lastern, Unordnungen, Freiheit und wildem Kriegesstolz untersinkend. Die schönen römischen Gesetze und Kenntnisse konnten nicht Kräfte ersetzen, die verschwunden waren, Nerven wiederherstellen, die keinen Lebensgeist fühlten, Triebfedern regen, die da lagen – also Tod! ein abgematteter, im Blute liegender Leichnam – da ward in Norden neuer Mensch geboren. Unter frischem Himmel, in der Wüste und Wilde, wo es niemand vermutete, reifte ein Frühling starker, nahrhafter Gewächse, die, in die schönern, südlichern Länder – jetzt traurigleere Äcker! – verpflanzt, neue Natur annehmen, große Ernte fürs Weltschicksal geben sollten! Goten, Vandalen, Burgunden, Angeln, Hunnen, Heruler, Franken und Bulgaren, Sklaven und Langobarden kamen – setzten sich, und die ganze neuere Welt vom Mittelländischen zum Schwarzen, vom Atlantischen zum Nordmeer, ist ihr Werk! ihr Geschlecht! ihre Verfassung!

Nicht bloß Menschenkräfte, auch welche Gesetze und Einrichtungen brachten sie damit auf den Schauplatz der Bildung der Welt! Freilich verachteten sie Künste und Wissenschaften, Üppigkeit und Feinheit – die die Menschheit verheeret hatten; aber wenn sie statt der Künste Natur: statt der Wissenschaften gesunden nordischen Verstand, statt der feinen, starke und gute, obgleich wilde Sitten brachten, und das alles nun zusammen gärte – welch ein Eräugnis! Ihre Gesetze, wie atmen sie männlichen Mut, Gefühl der Ehre, Zutrauen auf Verstand, Redlichkeit und Götterverehrung! Ihre Feudaleinrichtung, wie untergrub sie das Gewühl volkreicher, üppiger Städte, baute das Land, beschäftigte Hände und Menschen, machte gesunde und eben damit auch vergnügte Leute. Ihr späteres Ideal über die Bedürfnisse hinaus – es ging auf Keuschheit und Ehre, veredelte den besten Teil der menschlichen Neigungen: obgleich Roman, so doch ein hoher Roman: eine wahre, neue Blüte der menschlichen Seele.

Bedenke man z. B., was die Menschheit in den Jahrhunderten dieser Gärung für Erholungsfrist und Kräfteübung dadurch bekam, dass alles in kleine Verbindungen, Abteilungen und Untereinanderordnungen fiel und so viele, viele Glieder wurden! Da rieb sich immer eins am andern, und alles erhielt sich in Atem und Kräften. Zeit der Gärung, aber eben diese hielt so lange den Despotismus ab (der wahre Rachen der Menschheit, der alles – wie er's nennt, in Ruhe und Gehorsam – aber wie's ist, in Tod und einförmige Zermalmung hinabschlingt!). Ist's nun besser, ist's für die Menschheit gesunder und tüchtiger, lauter leblose Räder einer großen, hölzernen, gedankenlosen Maschine hervorzubringen oder Kräfte zu wecken und zu regen? Sollt's auch durch sogenannte unvollkommene Verfassungen, Unordnung, barbarischen Ehrenpunkt, wilde Händelsucht und dergleichen sein – wenn's Zweck erreicht, immer besser, als lebend tot sein und modern.

Indes hatte die Vorsehung für gut befunden, zu dieser neuen *Gärung nordsüdlicher Säfte* noch ein neues Ferment zu bereiten und zuzumischen – die *christliche Religion*. Ich darf doch bei unserm christlichen Jahrhunderte nicht erst um Verzeihung bitten, dass ich von ihr als einer *Triebfeder der Welt* rede – betrachte sie ja nur als *Ferment*, als *Sauerteig*, zu Gutem oder zu Bösem – wozu man noch will.

Und da verdient der Punkt, von zween Seiten missverstanden, einige Erörterung.

Die Religion der Alten Welt, die aus Morgenlande über Ägypten nach Griechenland und Italien gekommen, war in allem Betracht ein *verduftetes, kraftloses Ding* geworden, das wahre Caput mortuum dessen, was sie gewesen war und sein sollte. Wenn man nur die spätere Mythologie der Griechen und die Puppe von politischer Völkerreligion bei den Römern betrachtet: so braucht's keines Worts mehr. – – Und doch war nun auch fast »kein ander Principium der Tugend« in der Welt! Die römische *Aufopferung fürs Vaterland* war von ihrer Höhe gesunken und lag im Moraste der Schwelgerei und kriegerischer Unmenschlichkeit. *Griechische Jugendehre und Freiheitliebe* – wo war sie? Und der alte *ägyptische Geist*, wo war er, als Griechen und Römer in ihrem Lande nisteten? Woher nun Ersatz? *Philosophie* konnte ihn nicht geben: sie war das ausgeartetste Sophistenzeug, Disputierkunst, Trödelkram von Meinungen ohne Kraft und Gewissheit, eine mit alten Lumpen behangene Holzmaschine ohne Würkung aufs menschliche Herz, geschweige denn der Würkung, *ein verfallen Jahrhundert*, eine *verfallene Welt* zu bessern! Und nun sollte Aufbau der

Trümmern von Völkern geschehen, die in ihrem Zustande noch Religion nötig hatten, durch sie allein gelenkt werden konnten, Geist des Aberglaubens in alles mischten. – – Und doch fanden nun diese Völker auf ihrem neuen Schauplatze nichts, als was sie verachteten oder nicht fassen konnten: römische Mythologie und Philosophie, wie Bildsäulen und Sittengestalten. – Und ihre nordische Religion, ein Rest des Orients auf nordische Art gebildet, langte nicht hin – hatten eine frischere, würksamere Religion nötig – siehe da! hatte die Vorsehung sie kurz vorher an einem Orte entstehen lassen, woher man einen Ersatz der ganzen westlichen Welt am wenigsten hoffte. Zwischen den nackten Bergen Judäas! kurz vor dem Umsturze des ganzen unberühmten Volkes, eben in der letzten elendsten Epoche desselben – auf eine Weise, die allemal wunderbar bleiben wird, entstand sie, erhielt sich, schlug sich ebenso sonderbar durch Klüfte und Höhlen weiten Weg hindurch – auf einem Schauplatz, der sie so nötig hatte! worauf sie so viel, viel gewürkt! – Allemal die sonderbarste Begebenheit der Welt!

Da war's doch nun gewiss ein großes und sehenswürdiges Schauspiel, wie unter Julian die beiden berühmtesten Religionen, die älteste heidnische und die neuere christliche um nichts weniger als Herrschaft der Welt stritten. Religion das sahe Er und jedermann! – Religion in aller Stärke des Worts war seinem verfallnen Jahrhunderte unentbehrlich. Griechische Mythologie und römische Staatszeremonie – das sahe Er ebenfalls! – war dem Jahrhunderte zu seinen Zwecken nicht zureichend. Er griff also zu allem, wozu er konnte; zur kräftigsten und ältesten Religion, die er kannte, zur Religion des Morgenlandes –

regte in ihr alle Wunderkräfte, Zaubereien und Erscheinungen auf, dass sie ganz Theurgie ward, nahm so viel er konnte Philosophie, Pythagorism und Platonism zu Hülfe, um allem den feinsten Anstrich der Vernunft zu geben – setzte alles auf den Triumphwagen des größten Gepränges, von den zwei unbändigsten Tieren, Gewalt und Schwärmerei, gezogen, von der feinsten Staatskunst gelenkt – alles umsonst! sie erlag! sie war verlebt – elender Aufputz eines toten Leichnams, der nur zu andrer Zeit hatte Wunder tun können: die *nackte, neue christliche Religion* siegte!

Man siehet, dass die Sache ein Fremdling betrachtet, der Muselmann und Mamelucke sein könnte, um eben das zu schreiben. So fahre ich fort.

Dieselbe nun so sonderbar entstandne Religion sollte doch, das ist unleugbar, nach dem Sinne des Urhebers (ich sage nicht, ob sie's in der Anwendung jedes Zeitalters geworden) sie sollte *eigentliche Religion der Menschheit, Trieb der Liebe* und *Band aller Nationen zu einem Bruderheere* werden – ihr Zweck von Anfang zu Ende! Ebenso gewiss ist's, dass sie (ihre Bekenner mögen späterhin aus ihr gemacht haben, was sie wollten) dass sie die *erste* gewesen, die so *reine geistige Wahrheiten* und so herzliche Pflichten, so ganz *ohne Hülle* und *Aberglauben*, ohne Schmuck und Zwang gelehret: die das menschliche Herz so *allein*, so *allgemein*, so ganz und ohne Ausnahme hat verbessern wollen. Alle vorigen Religionen der besten Zeiten und Völker waren doch nur *enge national*, voll Bilder und Verkleidungen, voll Zeremonien und Nationalgebräuche, an denen immer die wesentlichen Pflichten nur hingen und hinzugefügt waren – kurz, Religionen eines Volks, eines Erdstrichs, eines Gesetzgebers, einer Zeit! – diese offenbar in allem das Gegenteil, die *lauterste Philosophie der Sittenlehre*, die *reinste Theorie der Wahrheiten und Pflichten*, von allen Gesetzen und kleinen Landverfassungen unabhängig, kurz, wenn man will, der *menschenliebendste Deismus*. –

Und sonach gewiss *Religion des Weltalls*. Es haben's andre und selbst ihre Feinde bewiesen, dass eine solche Religion gewiss nicht zu anderer Zeit, früher oder später hätte aufkeimen oder aufkommen oder sich einstehlen können – man nenne es wie man wolle. Das menschliche Geschlecht musste zu dem Deismus so viele Jahrtausende *bereitet*, aus Kindheit, Barbarei, Abgötterei und Sinnlichkeit allmählich *hervorgezogen*, seine Seelenkräfte durch so viel Nationalbildungen, orientalische, ägyptische, griechische, römische usw. als durch Stufen und Zugänge *entwickelt* sein, ehe selbst die mindsten Anfänge nur zu Anschauung, Begriff und Zugestehung des Ideals von *Religion und Pflicht und Völkerverbindung* gemacht werden konnten. Auch als *Werkzeug* allein betrachtet, schien's, dass der römische Eroberungsgeist vorhergehen musste, überall Wege zu bahnen, einen politischen Zusammenhang zwischen Völkern zu machen, der voraus unerhört war, auf eben dem Wege *Toleranz*, Ideen vom *Völkerrechte* in Gang zu bringen, in dem Umfange voraus unerhört! – Der Horizont ward so erweitert, so aufgeklärt, und da sich nun zehn neue Nationen der Erde auf diesen hellen Horizont stürzten, ganz andre neue Empfänglichkeiten eben für die Religion *mitbrachten*, sie *bedurften*, sie allesamt in ihr Wesen *verschmelzten* – Ferment! wie sonderbar bist du bereitet! und alles auf dich zubereitet! und tief und weit umher eingemischet! hat lang und stark getrieben und gegäret – was wird es noch ausgären?

Eben das also, worüber man meistens so witzig und philosophisch spottet, »wo denn dieser Sauerteig, christliche Religion genannt, rein gewesen? wo er nicht mit Teige eigner, der verschiedensten und oft der abscheulichsten Denkart vermischt worden?« eben das dünkt mich offenbare Natur der Sache. War diese Religion, wie sie's würklich ist, der feine Geist, »ein Deismus der Menschenfreundschaft«, der sich in kein einzeln bürgerlich Gesetz mischen sollte; war's jene Philosophie des Himmels, die eben ihrer Höhe und unirdischer Lauterkeit wegen ganze Erde umfassen konnte: mich dünkt, so war's schlechterdings unmöglich, dass der feine Duft sein, angewandt werden konnte, ohne mit irdischern Materien vermischt zu werden und sie gleichsam zum Vehikulum zu bedürfen. Das war nun natürlich die Denkart jedes Volks, seine Sitten und Gesetze, Neigungen und Fähigkeiten – kalt oder warm, gut oder böse, barbarisch oder gebildet – alles, wie es war. Die christliche Religion konnte und sollte nur durch alles dringen, und wer sich überhaupt von göttlichen Veranstaltungen in der Welt und im Menschenreich anders als durch welt- und menschliche Triebfedern Begriffe macht, ist wahrhaftig mehr zu utopisch-dichterischen als zu philosophisch-natürlichen Abstraktionen geschaffen. Wenn hat in der ganzen Analogie der Natur die Gottheit anders als durch Natur gehandelt? und ist darum keine Gottheit, oder ist's nicht eben Gottheit, die so all-ergossen, einförmig und unsichtbar durch alle ihre Werke würkt? – Auf einem menschlichen Schauplatze lass alle menschliche Leidenschaften spielen! in jedem Zeitalter sie dem Alter gemäß spielen! so in jedem Weltteile, in jeder Nation! die Religion soll nichts als Zwecke durch Menschen und für Menschen bewürken – Sauerteig oder Schatz: jeder trägt ihn in seinem Gefäße, mischt ihn zu seinem Teige! und je feiner der Duft ist, je mehr er an sich verflöge, desto mehr muss er zum Gebrauch vermischt werden. Ich sehe in der Gegenmeinung keinen menschlichen Sinn.

Und so war nun auch, bloß physisch und in menschlichem Sinne zu reden, eben die Zumischung der christlichen Religion die gewählteste, die man sich fast denken kann. Sie nahm sich bei der täglich überhandnehmenden Not der Armen an, dass selbst Julian ihr dies einschmeichelnde Verdienst nicht ableugnen konnte. Sie ward in noch spätern Zeiten der Verwirrung einziger Trost und Zuflucht gegen die allgemeine Bedrängnis (ich rede nicht, wie die Geistlichen das immer gebrauchet!), ja, seit die Barbaren selbst Christen waren, wurde sie allmählich würkliche Ordnung und Sicherheit der Welt. Da sie die reißende Löwen zähmte und überwand die Überwinder – welch ein bequemer Teig, um tief einzudringen, weit und ewig zu würken! Die kleinen Verfassungen, wo sie alles umschlingen konnte; die weit abgesonderten Stände, wo sie gleichsam allgemeiner Zwischenstand ward; die großen Lücken der bloß kriegerischen Lehnsverfassung, wo sie an Wissenschaften, Rechtspflege und Einfluss auf die Denkart alles ausfüllte, überall unentbehrlich und gleichsam Seele zu Jahrhunderten wurde, deren Leib nichts als kriegerischer Geist und sklavischer Ackerbau war – konnte eine andre Seele, als Andacht, die Glieder binden, den Körper beleben? War im Rate des Schicksals der Körper beschlossen: welche Torheit, außer dem Geiste der Zeit, über seinen Geist zu wähnen! Es war, dünkt mich, einiges Mittel der Progression!

Wem ist's nicht erschienen, wie in jedem Jahrhunderte das sogenannte »Christentum« völlig Gestalt oder Analogie der Verfassung hatte, mit oder in der es existierte! wie eben derselbe gotische Geist auch in das Innere und Äußere der Kirche eindrang, Kleider und Zeremonien, Lehren und Tempel formte, den Bischofstab zum Schwert schärfte, da alles Schwert trug, und geistliche Pfründen, Lehne und Sklaven schuf, weil's überall nur solche gab. Man denke sich von Jahrhundert zu Jahrhundert jene ungeheuren Anstalten von geistlichen Ehrenämtern, Klöstern, Mönchsorden, endlich später gar Kreuzzügen und der offenbaren Herrschaft der Welt – ungeheures gotisches Gebäude! überladen, drückend, finster, geschmacklos – die Erde scheint unter ihm zu sinken – aber wie groß! reich! überdacht! mächtig! – ich rede von einem historischen Eräugnisse! Wunder des menschlichen Geists und gewiss der Vorsehung Werkzeug.

Wenn mit seinen Gärungen und Reibungen der gotische Körper überhaupt Kräfte regte: gewiss trug der Geist, der ihn belebte und band, das seine bei. Wenn durch jenen eine Mischung von hohen Begriffen und Neigungen in Europa ausgebreitet wurde, in der Mischung und in dem Umfange noch nie gewürkt; allerdings war auch sie darinne webend. Und ohne mich hier auf die verschiednen Perioden des Geists der mittlern Zeiten einlassen zu können, wir wollen's gotischen Geist, nordisches Rittertum im weitsten Verstande nennen – großes Phänomenon so vieler Jahrhunderte, Länder und Situationen.

Gewissermaßen noch immer »Inbegriff alle der Neigungen, die voraus einzelne Völker und Zeitläufte entwickelt hatten«: sie lassen sich sogar in sie auflösen, aber das würksame Element, das alle band und zu einer lebendigen Kreatur Gottes machte, ist in jedem einzeln nicht mehr dasselbe. Väterliche Neigungen und heilige Verehrung des weiblichen Geschlechts: unauslöschliche Freiheitliebe und Despotismus: Religion und kriegerischer Geist: pünktliche Ordnung und Feierlichkeit und sonderbarer Hang zur Aventure – das floß zusammen! orientalische, römische, nordische, sarazenische Begriffe und Neigungen! man weiß, wenn? wo? und in welchem Maße sie jetzt und dort zusammengeflossen sind und sich modifiziert haben. – Der Geist des Jahrhunderts durchwebte und band – die verschiedensten Eigenschaften – Tapferkeit und Möncherei, Abenteuer und Galanterie, Tyrannei und Edelmut; band's zu dem Ganzen, das uns jetzt – zwischen Römern und uns – als Gespenst, als romantisches Abenteuer dasteht; einst war's Natur, war – Wahrheit.

Man hat diesen Geist »der nordischen Ritterehre« mit den heroischen Zeiten der Griechen verglichen[1] – und freilich Punkte der Vergleichung gefunden. – Aber an sich bleibt er in der Reihe aller Jahrhunderte, dünkt mich, einzig! – nur sich selbst gleich! Man hat ihn, weil er, zwischen Römern und uns – quanti viri! – uns! steht, so schrecklich verspottet; andre, von etwas abenteuerlichem Gehirne

1 *Hurd*, Lettr. on Chivalery.

haben ihn so hoch über alles erhoben – mich dünkt, er ist nichts mehr und minder, als »einzelner Zustand der Welt«! keinem der vorigen zu vergleichen, wie sie mit Vorzügen und Nachteilen: auf sie gegründet, selbst in ewiger Veränderung und Fortstrebung – ins Große.

Die dunkeln Seiten dieses Zeitraums stehn in allen Büchern: jeder klassische Schöndenker, der die Polizierung unsers Jahrhunderts fürs non plus ultra der Menschheit hält, hat Gelegenheit, ganze Jahrhunderte auf Barbarei, elendes Staatsrecht, Aberglauben und Dummheit, Mangel der Sitten und Abgeschmacktheit – in Schulen, in Landsitzen, in Tempeln, in Klöstern, in Rathäusern, in Handwerkszünften, in Hütten und Häusern zu schmälen und über das Licht unsers Jahrhunderts, das ist, über seinen Leichtsinn und Ausgelassenheit, über seine Wärme in Ideen und Kälte in Handlungen, über seine scheinbare Stärke und Freiheit, und über seine würkliche Todesschwäche und Ermattung unter Unglauben, Despotismus und Üppigkeit zu lobjauchzen. Davon sind alle Bücher unserer Voltaire und Hume, Robertsons und Iselins voll, und es wird ein so schön Gemälde, wie sie die Aufklärung und Verbesserung der Welt aus den trüben Zeiten zum Deismus und Despotismus der Seelen, d. i. zu Philosophie und Ruhe herleiten – dass dabei jedem Liebhaber seiner Zeit das Herz lacht.

Alle das ist wahr und nicht wahr. Wahr, wenn man, wie ein Kind, Farbe gegen Farbe hält und ja ein helles, lichtes Bildchen haben will – in unserm Jahrhundert ist leider! so viel Licht! – Unwahrheit, wenn man die damalige Zeit in ihrem Wesen und Zwecken, Genuss und Sitten, in Sonderheit als Werkzeug im Zeitlaufe betrachtet. Da lag in diesen dem Scheine nach gewaltsamen Auftritten und Verbindungen oft ein Festes, Bindendes, Edles und Großherrliches, das wir mit unsern gottlob! feinen Sitten, aufgelösten Zünften und dafür gebundnen Ländern und angeborner Klugheit und Völkerliebe bis ans Ende der Erde, fürwahr weder fühlen noch kaum mehr fühlen können. Siehe, du spottest über die damalige Knechtschaft, über die rohen Landsitze des Adels, über die vielen kleinen Inseln und Unterabteilungen und was davon abhing – preisest nichts so sehr als die Auflösung dieser Bande und weißt kein größeres Gut, was je der Menschheit geschehen, als da Europa und mit ihm die Welt frei wurde. Frei wurde? süßer Träumer! wenn's nur das und das nur wahr wäre! Aber nun siehe auch, wie durch den Zustand in jenen Zeiten Dinge ausgerichtet wurden, über die sonst alle menschliche Klugheit hatte verblöden müssen: Europa bevölkert und gebauet: Geschlechter und Familien, Herr und Knecht, König und Untertan drang stärker und näher aneinander: die sogenannten rohen Landsitze hinderten das üppige ungesunde Zunehmen der Städte, dieser Abgründe für die Lebenskräfte der Menschheit: der Mangel des Handels und der Feinheit verhinderte Ausgelassenheit und erhielt simple Menschheit – Keuschheit und Fruchtbarkeit in Ehen, Armut und Fleiß und Zusammendrang in Häusern. Die rohen Zünfte und Freiherrlichkeiten machten Ritter- und Handwerksstolz, aber zugleich Zutrauen auf sich, Festigkeit in seinem Kreise, Mannheit auf seinem Mittelpunkte, wehrte der ärgsten Plage der Menschheit, dem Land- und Seelenjoche, unter das offenbar, seitdem alle Inseln aufgelöst sind, alles mit froh- und freiem Mute sinkt. Da konnten in etwas spätern Zeiten denn so viel kriegerische Republiken und wehrhafte Städte werden! Erst waren die Kräfte gepflanzt, genährt und durch Reiben erzogen, von denen im traurigen Reste ihr noch jetzo lebt. Hätte euch der Himmel die barbarischen Zeiten nicht vorhergesandt und sie so lange unter so mancherlei Würfen und Stößen erhalten – armes, poliziertes Europa, das seine Kinder frisst oder relegieret, wie wärest du mit alle deiner Weisheit – Wüste!

»Dass es jemandem in der Welt unbegreiflich wäre, wie Licht die Menschen nicht nährt! Ruhe und Üppigkeit und sogenannte Gedankenfreiheit nie allgemeine Glückseligkeit und Bestimmung sein kann!« Aber Empfindung, Bewegung, Handlung – wenn auch in der Folge ohne Zweck (was hat auf der Bühne der Menschheit ewigen Zweck?), wenn auch mit Stößen und Revolutionen, wenn auch mit Empfindungen, die hie und da schwärmerisch, gewaltsam, gar abscheulich werden – als Werkzeug in den Händen des Zeitlaufs, welche Macht! welche Würkung! Herz und nicht Kopf genährt! mit Neigungen und Trieben alles gebunden, nicht mit kränkelnden Gedanken! Andacht und Rittereh-re, Liebeskühnheit und Bürgerstärke – Staatsverfassung und Gesetzgebung, Religion. – Ich will nichts weniger, als die ewigen Völkerzüge und Verwüstungen, Vasallenkriege und Befehdungen, Mönchsheere, Wallfahrten, Kreuzzüge verteidigen: nur erklären möchte ich sie: wie in allem doch Geist hauchet! Gärung menschlicher Kräfte. Große Kur der ganzen Gattung durch gewaltsame Bewegung, und wenn ich so kühn reden darf, das

Schicksal zog (allerdings mit großem Getöse und ohne dass die Gewichte da ruhig hangen konnten) die große abgelaufne Uhr auf! da rasselten also die Räder!

Wie anders sehe ich die Zeiten in dem Lichte! wie viel ihnen zu vergeben, da ich sie selbst ja immer im Kampfe gegen Mängel, im Ringen zur Verbesserung, und sie wahrhaftig mehr als eine andere, sehe! wie viel Lästerungen geradezu falsch und übertrieben, da ihr Missbräuche entweder angedichtet werden aus fremdem Hirn, oder die damals weit milder und unvermeidlicher waren, sich mit einem gegenseitigen Guten kompensierten, oder die wir schon jetzt offenbar als Werkzeuge zu großem Guten in der Zukunft, woran sie selbst nicht dachten, wahrnehmen. Wer liest diese Geschichte und ruft nicht oft: Neigungen und Tugenden der Ehre und Freiheit, der Liebe und Tapferkeit, der Höflichkeit und des Worts, wo seid ihr geblieben! eure Tiefe verschlämmet! eure Feste weicher Sandboden voll Silberkörner, wo nichts wächst! Wie es auch sei, gebt uns in manchem Betracht eure Andacht und Aberglauben, Finsternis und Unwissenheit, Unordnung und Rohigkeit der Sitten, und nehmt unser Licht und Unglauben, unsre entnervte Kälte und Feinheit, unsre philosophische Abgespanntheit und menschliches Elend! – Übrigens aber freilich muss Berg und Tal grenzen, und das dunkle feste Gewölbe konnte – nichts anders sein als dunkles festes Gewölbe – gotisch!

Riesenschritt im Gange des menschlichen Schicksals! Nähmen wir's bloß, dass Verderbnisse vorhergehen, um Verbesserung, Ordnung hervorzubringen – ein großer Schritt! Um das Licht zu geben, war so großer

Schatte nötig: der Knote musste so fest zugezogen werden, damit nachher die Entwicklung erfolge: musste es nicht gären, um den hefenlosen, reinen göttlichen Trank zu geben? – mich dünkt, das folgte unmittelbar aus »der Lieblingsphilosophie« des Jahrhunderts. Da könnt ihr ja herrlich beweisen, wie so viel Ecken erst haben müssen gewaltig abgerieben werden, ehe das runde, glatte, artige Ding erscheinen konnte, was wir sind! wie in der Kirche so viel Gräuel, Irrtümer, Abgeschmacktheiten und Lästerungen vorhergehen, alle die Jahrhunderte nach Verbesserung ringen, schreien und streben mussten, ehe eure Reformation oder lichte, hellglänzende Deismus entstehen konnte. Die üble Staatskunst musste das Rad all ihrer Übel und Abscheulichkeiten durchlaufen, eh unsre »Staatskunst« im ganzen Umfange des Worts erscheinen durfte, wie die Morgensonne aus Nacht und Nebel. – Noch immer also schönes Gemälde, Ordnung und Fortgang der Natur, und du glänzender Philosoph ja allem auf den Schultern!

Aber kein Ding im ganzen Reiche Gottes, kann ich mich doch überreden! ist allein Mittel – alles Mittel und Zweck zugleich, und so gewiss auch diese Jahrhunderte. War die Blüte des Zeitgeistes, »der Rittersinn«, an sich schon ein Produkt der ganzen Vergangenheit, in der gediegenen Form des Nordlands: war die Mischung von Begriffen der Ehre und der Liebe und der Treue und Andacht und Tapferkeit und Keuschheit, die jetzt Ideal war, voraus unerhört gewesen; siehe damit, gegen die alte Welt gehalten, da die Stärke jedes einzelnen Nationalcharakters verlorengegangen war, siehe eben in dieser Mischung, Ersatz und Fortgang ins Große. Von Orient bis Rom war's Stamm: jetzt gingen aus dem Stamme Äste und *Zweige*; keiner an sich stammfest, aber *ausgebreiteter, luftiger, höher!* Bei aller Barbarei waren die Kenntnisse, die man scholastisch behandelte, feiner und höher: die Empfindungen, die man barbarisch und pfaffenmäßig anwandte, abstrahierter und höher: aus beiden flossen die Sitten, das Bild jener. Von solcher Religion, so elend sie immer aussah, hatte doch kaum ein Zeitalter vorher gewusst: selbst das Feinere der türkischen Religion, was unsre Deisten ihr so hoch anrechnen, war nur »durch die christliche Religion« entstanden, und selbst die elendsten Spitzfündigkeiten der Möncherei, die romanhaftesten Phantastereien zeigen, dass *Feinheit* und *Gewandtheit* gnug in der Welt war, dergleichen auszudenken, zu fassen: – dass man würklich scharf anfing, in so *feinem* Elemente zu atmen. Papsttum hätte doch nie in Griechenland und dem alten Rom existieren können, nicht bloß aus den Ursachen, die man gewöhnlich ansieht, sondern würklich auch der uralten Simplizität wegen, weil zu dergleichen raffiniertem System noch kein Sinn, kein Raum war: und Papsttum des alten Ägyptens war wenigstens gewiss eine weit gröbere und plumpere Maschine. Solche Regierungsformen, bei allem gotischen Geschmacke, hatten sie doch kaum vorher noch existiert; mit der Idee von barbarischer Ordnung vom Element herauf bis zum Gipfel, mit den immer veränderten Versuchen alles zu binden, dass es doch nicht gebunden wäre. – Der Zufall oder vielmehr roh und freiwürkende Kraft erschöpfte sich in kleinen Formen der großen Form, wie sie ein Politiker kaum hätte ausdenken können: – Chaos, wo alles nach neuer höherer Schöpfung *strebte*, ohne zu wissen, *wie?* und *welcher Gestalt?* – Die Werke des Geistes und des Genies aus diesen

Zeiten sind gleicher Art, ganz des zusammengesetzten Duftes aller Zeiten voll: zu voll von Schönheiten, von Feinheiten, von Erfindung, von Ordnung, als dass es Schönheit, Ordnung, Erfindung bleibe – sind, wie die gotischen Gebäude! Und wenn sich der Geist bis auf die kleinsten Einrichtungen und Gebräuche erstreckt – ist's unrecht, wenn in diesen Jahrhunderten noch immer Krone des alten Stamms erschiene! (nicht Stamm mehr, das sollt's und konnt's nicht sein, aber *Krone!*) Eben das *Nicht-Eine*, das *Verwirrte*, der reiche *Überfluss von Ästen und Zweigen*; das macht seine *Natur!* da hangen die Blüten von *Rittergeist*, da werden, wenn der Sturm die Blätter abtreibt, einst die schönern *Früchte* hangen.

So viele Brüdernationen und keine Monarchie auf der Erde! – Jedweder Ast von hier gewissermaße ein *Ganzes* – und trieb seine *Zweige!* alle trieben nebeneinander, flochten, worren sich, jedes mit seinem Safte. – Diese Vielheit von Königreichen! dies *Nebeneinandersein von Brudergemeinden*; alle von einem *deutschen* Geschlechte, alle nach *einem* Ideal der Verfassung, alle im Glauben *einer* Religion, jedes mit sich selbst und seinen Gliedern kämpfend, und von *einem* heiligen Winde, dem päpstlichen Ansehen, fast unsichtbar aber sehr durchdringend getrieben und beweget – wie ist der Baum erschüttert! auf Kreuzzügen und Völkerbekehrungen, wohin hat er nicht Äste, Blüte und Zweige geworfen! – Wenn die Römer bei ihrer Unterjochung der Erde den Völkern, nicht auf dem besten Wege, zu einer Gattung »von Völkerrecht und allgemeiner Römererkennung« hatten helfen müssen: das Papsttum mit alle seiner Gewaltsamkeit ward in der Hand des Schicksals Maschine zu einer »noch höhern Verbindung, zur allgemeinen Erkennung sein sollender Christen! Brüder! Menschen!« Das Lied stieg durch Missklänge und kreischende Stimmungen gewiss in höhern Ton: gewisse mehrere gesammlete, abstrahierte, gegärte Ideen, Neigungen und Zustände breiteten sich über die Welt hin – wie schoss der eine alte simple Stamm des Menschengeschlechts in Äste und Zweige!

*

Endlich folgte, wie wir sagen, die Auflösung, die Entwickelung: lange, ewige Nacht klärte sich in Morgen auf: es ward Reformation, Wiedergeburt der Künste, Wissenschaften, Sitten! – Die Hefen sanken; und es ward – unser Denken! Kultur! Philosophie! on commençoit à penser comme nous pensons aujourd'hui: on n'étoit plus barbare.

Keinen Zeitpunkt der Entwickelung des menschlichen Geistes hat man schöner beschrieben als diesen! Da alle unsre Geschichten, Discours préliminaires zur Enzyklopädie alles menschlichen Wissens, und Philosophien darauf weisen,[m] und von Ost und West, von Anbeginn und gestern alle Fäden, die gezogen sind oder wie Herbstspinnewesen im Kopfe flattern, darauf als auf den höchsten Gipfel menschlicher Bildung zu ziehen wissen: und da das System nun schon so glänzend, berühmt, lieblich angenommen und vollkommen ausgemacht ist: so wage ich

m *Hume*, Geschichte von Engl. und Vermischte Schr.; *Robertsons* Gesch. von Schottland und Carl V.; *d'Alembert*, Mélanges de littérature et de philos.; *Iselins* Gesch. der Menschheit, T. 2, Vermischte Schriften, und was dem nachhinkt und nachlallet.

nichts hinzuzusetzen – ich lege bloß einige kleine Anmerkungen nebenan.

[I.] Zuerst muss ich zum überhohen Ruhm des menschlichen Verstande[n] sagen, dass immer weniger er, wenn ich so sagen darf, als ein *blindes Schicksal*, was die Dinge warf und lenkte, an dieser *allgemeinen Weltveränderung* würkte. Entweder waren's so große, gleichsam *hingeworfene* Begebenheiten, die über alle menschliche Kräfte und Aussichten gingen, denen sich die Menschen meistens widersetzten, wo niemand die Folge, als *überlegten* Plan, träumte; oder es waren kleine *Zufälle*, mehr *Funde* als Erfindungen, Anwendungen einer Sache, die man *lange gehabt* und nicht gesehen, nicht gebraucht hatte – oder gar nichts als simple *Mechanik*, neuer *Kunstgriff*, *Handwerk*, das die Welt änderte – Philosophen des achtzehnten Jahrhunderts, wenn das ist, wo bleibt eure Abgötterei gegen den *menschlichen Geist*?

Wer legte hier *Venedig* an diesem Platze, unter dem tiefsten Bedrängnis der Not an? und wer überdachte, was dies Venedig, allein an diesem Platze, ein Jahrtausend hindurch, *allen Völkern der Erde* sein konnte und sollte? Der diesen Sund von Inseln in den Morast warf, der diese wenigen Fischer dahinleitete, war derselbe, der das *Samenkorn* fallen lässt, das zu der Zeit und an dem Ort eine Eiche werde; der die Hütte an die Tiber pflanzte, dass Rom, das ewige Haupt der Welt, daraus würde. Eben derselbe ist's, der jetzt Barbaren hinzuführt, dass sie die *Literatur der ganzen Welt*, die *Bibliothek* zu

n Gloire de l'esprit humain, ses progrès, révolutions, son développement, sa création etc.

Alexandrien (gleichsam ein versinkendes Weltteil!) vernichtigen, jetzt eben dieselbe hinzuführt, dass sie einen kleinen Rest Literatur erbetteln, erhalten, und auf einer ganz andern Seite, auf Wegen, die niemand geträumt oder gewünscht hatte, nach Europa bringen sollten. Eben derselbe, der jetzt durch sie an einer andern Seite eine Kaiserstadt zerstören lässt, dass die Wissenschaften, die da niemand suchte und die da so lange müßig waren, nach Europa fliehen – Alles ist großes Schicksal! von Menschen unüberdacht, ungehofft, unbewürkt – siehst du, Ameise, nicht, dass du auf dem großen Rade des Verhängnisses nur kriechest?

Wenn wir in die Umstände des Ursprungs aller sogenannten Welterleuchtungen näher eindringen: die nämliche Sache. Dort im Großen, hier im Kleinen, Zufall, Schicksal, Gottheit! Was jede Reformation anfing, waren Kleinigkeiten, die nie sogleich den großen, ungeheuren Plan hatten, den sie nachher gewannen; – sooft es gegenteils vorher der große, würklich überlegte, menschliche Plan gewesen war: sooft misslang er. Alle eure große Kirchenversammlungen, ihr Kaiser! Könige! Kardinäle und Herren der Welt! werden nimmermehr nicht ändern, aber dieser unfeine, unwissende Mönch, Luther, soll's ausrichten! Und das von Kleinigkeiten, wo er selbst nichts weniger als so weit denkt! durch Mittel, wo nach der Weise unserer Zeit, philosophisch gesprochen, nie so was auszurichten war! meistens er selbst das wenigste ausrichtend, nur dass er andre anstieß, Reformatoren in allen andern Ländern weckte, er aufstand und sagte: »Ich bewege mich! darum gibt's Bewegung!« Dadurch ward, was geworden ist. Veränderung der Welt! Wie oft waren solche

Luthers früher aufgestanden und – untergegangen. Der Mund ihnen mit Rauch und Flammen gestopft, oder ihr Wort fand noch keine freie Luft, wo es tönte – aber nun ist Frühling: die Erde öffnet sich, die Sonne brütet, und tausend neue Gewächse gehen hervor – Mensch, du warst nur immer, fast wider deinen Willen, ein kleines, blindes Werkzeug.

»Warum ist nicht«, ruft der sanfte Philosoph, »jede solcher Reformationen lieber! ohne Revolution geschehen? Man hätte den menschlichen Geist nur sollen seinen stillen Gang gehen lassen, statt dass jetzt die Leidenschaften im Sturme des Handelns neue Vorurteile gebaren und man Böses mit Bösem verwechselte« – – Antwort! weil so ein stiller Fortgang des menschlichen Geistes zur Verbesserung der Welt kaum etwas anders als Phantom unsrer Köpfe, nie Gang Gottes in der Natur ist. Dies Samenkorn fällt in die Erde! da liegt's und erstarrt; aber nun kommt Sonne, es zu wecken: da bricht's auf: die Gefäße schwellen mit Gewalt auseinander: es durchbricht den Boden – so Blüte, so Frucht – kaum die garstige Erdpilze wächst, wie du's träumest. Der Grund jeder Reformation war allemal eben solch ein kleines Samenkorn, fiel still in die Erde, kaum der Rede wert: die Menschen hatten's schon lange, besahen's und achteten's nicht – aber nun sollen dadurch Neigungen, Sitten, eine Welt von Gewohnheiten geändert, neugeschaffen werden – ist das ohne Revolution, ohne Leidenschaft und Bewegung möglich? Was Luther sagte, hatte man lange gewusst; aber jetzt sagte es Luther! Roger Baco, Galilei, Cartes, Leibniz, da sie erfanden, war's stille: es war Lichtstrahl – aber ihre Erfindungen sollten durchbrechen, Meinungen wegbringen, die Welt ändern – es ward *Sturm* und *Flamme*. Habe immer der Reformator auch Leidenschaften gehabt, die die Sache, die Wissenschaft selbst nicht foderte, die *Einführung* der Sache foderte sie, und eben dass er sie hatte, gnug hatte, um jetzt durch ein Nichts zu kommen, wozu ganze Jahrhunderte durch Anstalten, Maschinerien und Grübeleien nicht hatten kommen können – eben das ist *Kreditiv seines Berufs!*

»Meist nur simple *mechanische Erfindungen*, die man zum Teil längst gesehen, gehabt, damit gespielt, die aber jetzt durch einen Einfall so und nicht anders *angewandt*, die Welt veränderten.« So z. E. die Anwendung des Glases zur *Optik*, des Magnets zum *Kompasse*, des Pulvers zum *Kriege*, der Buchdruckerkunst für die *Wissenschaften*, des Calculs zu einer ganz neuen *mathematischen Welt* – und alles nahm andre Gestalt an. Man hatte das Werkzeug verändert, einen Platz *außer der alten Welt* gefunden, und so rückte man diese fort.

Geschütz erfunden: und siehe! die alte Tapferkeit der Theseus, Spartaner, Römer, Ritter und Riesen weg – der Krieg anders und wie viel anders mit diesem andern Kriege!

Buchdruckerei erfunden! und wie sehr die Welt der Wissenschaften geändert! erleichtert und ausgebreitet! licht und flach worden! Alles kann lesen, buchstabieren – alles, was lesen kann, wird gelehrt.

Mit der *kleinen Nadel* auf dem Meer – wer kann die Revolutionen in allen Weltteilen zählen, die damit bewürkt sind. Länder gefunden, so viel größer als Europa! Küsten erobert voll Gold, Silber, Edelsteine, Gewürz und Tod! Menschen in Bergwerke, Sklavenmühlen und Lastersitten hineinbekehrt oder hineinkultiviert! Europa entvölkert, mit Krankheiten und Üppigkeit an seinen geheimsten Kräften verzehrt wer kann zählen! wer beschreiben! Neue Sitten, Neigungen, Tugenden, Laster – wer kann zählen und beschreiben? Das Rad, in dem sich seit drei Jahrhunderten die Welt bewegt, ist unendlich – und woran hing's? was stieß es an? Die Nadelspitze zwei oder drei *mechanischer Gedanken*!

11. Eben daher muss folgen, dass ein großer Teil dieser sogenannten neuen Bildung selbst würkliche *Mechanik* sei; näher untersucht – wird diese wie sehr *neuerer Geist*! Wenn meistens *neue Methoden* in jeder Art und Kunst die Welt veränderten – neue Methoden *entübrigten Kräfte*, die voraus nötig waren, sich aber jetzt – denn jede ungebrauchte Kraft schläft! – mit der Zeit verloren. Gewisse Tugenden der Wissenschaft des Krieges, des bürgerlichen Lebens, der Schiffahrt, der Regierung – man brauchte sie nicht mehr: es ward *Maschine*, und die Maschine regiert nur *einer*. Mit einem Gedanken! mit einem Winke! – dafür schlafen auch wie viel Kräfte! *Geschütz* erfunden und damit welche Nerve roher körperlicher Kriegsstärke und Seelenkriegsstärke, Tapferkeit, Treue, Gegenwart in einzeln Fällen, Ehregefühl der alten Welt ermattet! Das Heer ist eine gedingte gedanken-, kraft-, willenlose Maschine geworden, die ein Mann in seinem Haupte lenkt und die er nur als Pantin der Bewegung, als eine lebendige Mauer bezahlt, Kugeln zu werfen und Kugeln aufzufangen. Im Grunde also, würde ein Römer und Spartaner vielleicht sagen, Tugenden im innersten Herde des Herzens *weggebrannt*, und verwelkt ein Kranz militärischer Ehre – und was ist an der Stelle? Der Soldat ist erster

Lohndiener des Staats in Heldenlivree – siehe seine Ehre und Beruf! Er ist – und mit leichter Mühe die Reste von einzelnen Existenzen gesprengt: die altgotische Freiheit-, Stände-, Eigentumsform, das elende Gebäude in schlechtem Geschmack! in Grund geschossen und zerstört, wird in seinen kleinen Trümmern so dicht blockiert, dass Land, Einwohner, Bürger, Vaterland manchmal wohl etwas, aber Herr und Knecht, Despot und Livreendiener jedes Amts, Berufs und Standes, vom Bauer bis zum Minister und vom Minister zum Priester, alles ist. Heißt Landeshoheit! verfeinte Staatskunst! neue philosophische Regierungsart! – ist's auch würklich Fürstenhut und Krone der neuern Jahrhunderte! – Worauf sie aber nur ruhen! – wie's der berühmteste Sonnenadler auf allen Münzen zeigt – auf Trommeln, Fahnen, Kugeln und immer-fertigen Soldatenmützen.

Der Geist der neuern Philosophie – dass er auf mehr als eine Art Mechanik sein müsse, zeigt, denke ich, der meiste Teil seiner Kinder. Bei Philosophie und Gelehrsamkeit oft wie unwissend und unkräftig in Sachen des Lebens und des gesunden Verstandes! Statt, dass in den alten Zeiten der philosophische Geist nie für sich allein bestand, von Geschäften ausging und zu Geschäften eilte, also auch nur Zweck hatte, volle, gesunde, würkende Seelen zu schaffen, seit er allein stehet und Handwerk geworden – ist er Handwerk. Der wievielste Teil von euch betrachtet Logik, Metaphysik, Moral, Physik als was sie sind – Organe der menschlichen Seele, Werkzeuge, mit denen man würken soll! Vorbilder von Gedankenformen, die nur unsrer Seele eine ihr eigne schönere Gedankenform geben sollen – dafür schlägt man mecha-

nisch seine Gedanken dahin ein, spielt und gaukelt – der abenteuerlichste Bursche von Klopffechter! Er tanzt mit dem Degen auf dem akademischen Seile zur Bewundrung und Freude aller, die ringsum sitzen und dem großen Künstler jauchzen, dass er nicht Hals und Bein breche: – das ist seine Kunst. Ein Geschäft auf der Welt, wollt ihr's übel besorgt haben, so gebt's dem *Philosophen*! Auf dem Papier wie rein! wie sanft! wie schön und groß; heillos im *Ausführen*! bei jedem Schritte staunend und starrend vor ungesehenen Hindernissen und Folgen. Das Kind indes war würklich großer Philosoph, konnte rechnen, und mit Syllogismen, Figuren und Instrumenten geläufig, oft so glücklich spielen, dass neue Syllogismen, Resultate und sogenannte Entdeckungen herauskamen – die Frucht, die Ehre, der Gipfel des menschlichen Geistes! – durch *mechanisches Spiel*!

Das war die schwerere Philosophie – und nun die leichte, die *schöne*! Gottlob! was ist mechanischer als diese. In Wissenschaften, Künsten, Gewohnheiten, Lebensart, wo sie hineingedrungen, wo sie Saft und Blüte des Jahrhunderts ist, was *mechanischer* als sie? Eben das alte *Herkommen*, das sinnlose *Vorurteil* von Lernen, *Langsamreifen*, *Tiefeindringen* und *Spätbeurteilen* hat sie ja wie ein Joch vom Halse geworfen! hat in unsre Gerichtsschranken statt kleiner, staubiger, detaillierter Kenntnisse, wo jeder Vorfall *als der* behandelt und untersucht werden soll, *der er ist* – hat darin welch schönes, leichtes, freies Urteil gebracht, nach zwei Vorfällen alles zu messen und abzutun! über das *Individuelle*, worin allein Species facti besteht, hinüber, sich am hellen, vortrefflichen *Allgemeinen* zu halten – statt Richter –

(Blüte des Jahrhunderts!) – Philosoph zu sein: hat in unsre Staatswirtschaft und Regierungskunde, statt mühsam erlangter Kenntnisse von Bedürfnissen und wahrer Beschaffenheit des Landes, welchen Adlersblick! welche Ansicht des Ganzen gebracht, wie auf einer Landkarte und philosophischen Tabelle! Grundsätze durch den Mund Montesquieus entwickelt, aus und nach welchen hundert verschiedene Völker und Erdstriche aus dem Stegreif nach dem Einmaleins der Politik in zwei Augenblicken berechnet werden. – – So alle schöne Künste, Handwerke und beinahe die kleinsten Tagelöhnereien – wer braucht in ihrer Tiefe mühsam wie in einem Gewölbkeller umherzuklettern, zu arbeiten? Man raisonniert! Wörterbücher und Philosophien über alle, ohne eine einzige mit dem Werkzeug in der Hand zu verstehen: sind allesamt abrégé raisonné ihrer vorigen Pedanterie geworden – abgezogner Geist! Philosophie aus zwei Gedanken, die mechanischte Sache von der Welt.

Darf ich beweisen, was der neuere Witz für eine edle mechanische Sache sei? Gibt's eine gebildetere Sprache und Periodenform, d. i. einen engern Leisten der Gedanken, der Lebensart, des Genies und Geschmacks, als bei dem Volke, von denen er sich unter hundert Gestalten am glänzendsten in der Welt verbreitet hat? Welch ein Schauspiel ist mehr Marionette eines schönen Regelmaßes – welche Lebensart mehr Äfferei einer leichten mechanischen Höflichkeit, Lustigkeit und Wortzierde – welche Philosophie mehr das Ausgekramte weniger Sentiments und eine Behandlung aller Dinge in der Welt nach diesen Sentiments geworden, als die –? Affen der Humanität, des Ge-

nies, der *Fröhlichkeit*, der *Tugend*, und eben weil sie nichts als das sind und so leicht nachgeäfft werden können, sind sie's *für ganz Europa*. –

III. Daher wird denn nun wohl begreiflich, zu welchem Mittelpunkte die Bildung hinstrebe und immer hingelenkt werde: »Philosophie! Gedanke! – leichtere Mechanik! Raisonnement, das sich bis auf die Grundsäulen der Gesellschaft erstreckt, die sonst nur standen und trugen!« Und auch da kann ich's in zehnerlei Betracht kaum begreifen, wie das so allgemein und einzig für den *Gipfel* und *Zweck* aller menschlichen Bildung, alles Glücks, alles Guten verraisoniert werden könne? Ist denn der ganze Körper bestimmt zu *sehen*? und muss, wenn Hand und Fuß Auge und Gehirn sein will, nicht der ganze Körper leiden? Raisonnement zu unvorsichtig, zu unnütz verbreitet – ob's nicht *Neigung*, *Trieb*, *Tätigkeit* zu leben, schwächen könnte und würklich geschwächt habe? –

Allerdings mag nun wohl diese *Ermattung* dem Geiste mancher Länder bequem sein: ermattete Glieder müssen fort, haben keine Kräfte als – etwa zum *Gegendenken*. Jedes Rad bleibt aus Furcht oder Gewohnheit oder Üppigkeit und Philosophie an der Stelle, und was ist nun so manche große philosophisch-regierte Herde, als ein zusammengezwungner Haufe – Vieh und Holz! Sie denken! man breitet Denken vielleicht unter sie aus – bis auf *einen* Punkt: damit sie sich von Tage zu Tage mehr als Maschine *fühlen*, aber nach *gegebenen Vorurteilen* fühlen, knirschen lernen und fortmüssen – sie knirschen – ei doch, sie können nichts als knirschen: und laben sich mit *Freidenken*. Das liebe, matte, ärgerliche, unnütze Freidenken,

Ersatz für alles, was sie vielleicht mehr brauchten – *Herz! Wärme! Blut! Menschheit! Leben!*

Nun rechne ein jeder. *Licht* unendlich erhöht und ausgebreitet: wenn *Neigung, Trieb zu leben* ungleich *geschwächet* ist! Ideen von allgemeiner Menschen-, Völker- und Feindesliebe erhöht: und *warmes Gefühl* der Vater-, Mutter-, Bruder-, Kindes-, Freundesneigungen unendlich geschwächet! Grundsätze der Freiheit, Ehre, Tugend so weit verbreitet, dass sie jeder aufs helleste anerkennet, dass in gewissen Ländern sie jedermann bis zum Geringsten auf Zung und Lippen hat – und jeder von ihnen zugleich mit den *ärgsten Ketten* der Feigheit, Schande, Üppigkeit, Kriecherei und elender Planlosigkeit gebunden. *Handgriffe und Erleichterungen unendlich verbreitet* – aber alle die Handgriffe gehen in die Hand Eines oder Etlicher zusammen, der allein denkt: der Maschine ist die Lust zu leben, zu würken, menschlich edel und guttätig, vergnügt zu leben, verschwunden: lebt sie mehr? Im ganzen und im kleinsten Teile, der *einzige Gedanke des Meisters.*

Ist dies nun das schöne Ideal vom Zustande, zu dem wir durch alles hingebildet sind, das sich immer weiter in Europa ausbreitet, das in alle Weltteile hinschwimmet und alles polizieren will, zu sein, was wir sind – *Menschen?* Bürger eines Vaterlands? Wesen *für sich* etwas zu sein in der Welt? Vielleicht! wenigstens und gewiss aber allesamt nach Anzahl, Bedürfnissen, Zweck und Bestimmung *politischer Kalkul*: jeder in der Uniform seines Standes, Maschinen! Da stehen nun jene glänzende *Marktplätze* zur Bildung der Menschheit, *Kanzel* und *Schauplatz, Säle der Gerechtigkeit, Bibliotheken, Schulen* und ja in Sonderheit die Kronen aller: illustre Akademien! In welchem Glanz! zum ewigen Nachruhm der Fürsten! zu wie großen Zwecken der Bildung und Aufklärung der Welt, der Glückseligkeit der Menschen! herrlich eingeweihet – was tun sie denn? was können sie tun? – sie spielen!

IV. Also von einigen der berühmtesten Mittel, die, die Ehre unsres Jahrhunderts! den schöpferischen Plan haben, »Menschheit zu bilden« – Ein Wort! Wir kommen damit wenigstens zu einer sehr praktischen Seite des Buchs.

Ist nicht vom Anfange an vergebens geschrieben, so sieht man, Bildung und Fortbildung einer Nation ist nie anders als ein Werk des Schicksals: Resultat tausend mitwürkender Ursachen, gleichsam des ganzen Elements, in dem sie leben. Und ist dies, was für ein Kinderspiel, diese Bildung bloß in und durch einige hellere Ideen zu setzen, worauf man fast von Wiederherstellung der Wissenschaften her trabet! Dies Buch, dieser Autor, diese Menge von Büchern soll bilden: das ganze Resultat derselben, die Philosophie unsres Jahrhunderts soll bilden – was hieße das anders als die Neigungen wecken oder stärken, durch die die Menschheit beseligt wird – und welche Kluft, dass dies geschehe! Ideen geben eigentlich nur Ideen: mehrere Helle, Richtigkeit und Ordnung zu denken – das ist aber auch alles, worauf man gewiss rechnen kann: denn wie sich das alles nun in der Seele mische? was es vor sich finden und verändern soll? wie stark und daurend diese Veränderung werde? und wie sie sich nun endlich in die tausendgestaltigen

Anlässe und Fügungen des menschlichen Lebens, geschweige eines Zeitalters, eines ganzen Volks, des ganzen Europa, des ganzen Weltalls, (wie unsre Demut wähnet), hineinmische und hineinwerfe – ihr Götter, welch andre Welt von Fragen!

Ein Mensch, der die künstliche Denkart unsres Jahrhunderts kennenlernte, läse alle Bücher, die wir von Kind auf lesen, loben und wie es heißt, uns darnach bilden, sammlete die Grundsätze, die wir alle laut oder schweigend zugestehen, auch mit gewissen Kräften unsrer Seele bearbeiten usw., wollte hieraus nun auf das ganze lebendige Triebwerk des Jahrhunderts Schluss machen – erbärmlicher Fehlschluss! Eben weil diese Grundsätze so gang und gäbe sind, als Spielwerk von Hand zu Hand, als Mundwerk von Lippe zu Lippe gehen – eben deswegen wird's wahrscheinlich, dass sie keine Würkung mehr tun können. Braucht man, womit man spielt? und wenn man des Getreides so viel hat, dass man den Acker nicht besäet, bepflanzet, sondern als Kornboden überschütten muss – dürrer, trockner Kornboden! kann etwas wurzeln? aufgehen? kommt ein Korn nur in die Erde?

Was soll ich Exempel zu einer Wahrheit suchen, zu der fast alles leider! Exempel wäre – Religion und Moral, Gesetzgebung und gemeine Sitten. Wie überschwemmt mit schönen Grundsätzen, Entwicklungen, Systemen, Auslegungen – überschwemmet, dass fast niemand mehr Boden sieht und Fuß hat – eben deswegen aber auch nur hinüberschwimmet. Der Theologe blättert in den rührendsten Darstellungen der Religion, lernet, weiß, beweist und vergisst – zu den Theologen werden wir alle von Kind auf gebildet. Die Kanzel schallet von Grundsätzen, die wir alle zugestehen, wissen, schön fühlen, und – auf und neben der Kanzel lassen. So mit Lektüre, Philosophie und Moral. Wer ist nicht überdrüssig sie zu lesen? und welcher Schriftsteller macht's nicht schon zum Hauptgeschäfte, gut einzukleiden: die unkräftige Pille nur schön zu versilbern. Kopf und Herz ist einmal getrennt: der Mensch ist leider! so weit, um nicht nach dem, was er weiß, sondern was er mag, zu handeln. Was hilft dem Kranken alle der Vorrat von Leckerbissen, den er mit siechem Herzen nicht genießen kann, ja des Überfluss ihn eben siechherzig machte. –

Den Verbreitern des Mediums dieser Bildung könnte man immer die Sprache und den Wahn lassen, als wenn sie »die Menschheit« und in Sonderheit ja den Philosophen von Paris, dass sie toute l'Europe und tout l'Univers bilden – man weiß schon was die Sprache bedeutet? – Ton! konventionelle Phrase! schöne Wendung oder höchstens nützlicher Wahn. – Aber wenn auch die auf solche Mittel der Letternkultur fallen, die ganz andre Werkzeuge – wann sie eben mit jenen dem Jahrhundert schönen Dunst geben, Augen auf den Glanz dieses unwürksamen Lichts lenken, um Herzen und Hände frei zu haben – Irrtum und Verlust, ihr seid kläglich! –

Es gab ein Zeitalter, wo die Kunst der Gesetzgebung für das einzige Mittel galt, Nationen zu bilden, und dies Mittel auf die sonderbarste Art angegriffen, nur meist eine allgemeine Philosophie der Menschheit, ein Kodex der Vernunft, der Humanität – was weiß ich mehr? werden sollte: die Sache war ohne Zweifel blendender als nützlich. Allerdings ließen sich damit alle »Gemeinsätze des Rechten und Guten, Maximen der Menschenliebe und

Weisheit, Aussichten aus allen Zeiten und Völkern für alle Zeiten und Völker erschöpfen« – für alle Zeiten und Völker? und also leider! eben nicht für das Volk, dem dies Gesetzbuch angemessen sein soll als sein Kleid. So allgemeines Abgeschöpfte, ist's nicht auch Schaum vielleicht, der in der Luft aller Zeiten und Völker zerfließt? und wie anders für die Adern und Sehnen seines Volks Nahrung bereiten, dass sie ihm Herz stärke und *Mark und Bein* erfrische!

Zwischen jeder allgemein gesagten, wenn auch der schönsten Wahrheit – und ihrer mindesten Anwendung ist Kluft! Und Anwendung am einzigen rechten Orte? zu den rechten Zwecken? auf die einzige beste Weise? – Der Solon eines Dorfs, der würklich nur *eine* böse Gewohnheit abgebracht, nur *einen* Strom menschlicher *Empfindungen* und *Tätigkeiten* in Gang gebracht – er hat tausendfach mehr getan, als all ihr Raisoneurs über die Gesetzgebung, bei denen alles wahr und alles falsch – ein elender *allgemeiner* Schatte ist. –

Es war eine Zeit, da die Errichtung von *Akademien*, *Bibliotheken*, *Kunstsälen*, Bildung der Welt hieß – vortrefflich! diese Akademie ist der Name des Hofes, das würdige Prytaneum verdienter Männer, eine Unterstützung kostbarer Wissenschaften, ein vortrefflicher Saal am Geburtsfeste des Monarchen. – Aber was die nun zur Bildung des Landes, der Leute, der Untertanen tue? Und wenn sie alles täte – wiefern das Glückseligkeit gebe? Können diese Bildsäulen, und wenn ihr sie an Weg und Pfosten stellt, jeden Vorbeigehenden in einen Griechen verwandeln, dass er sie so *ansehe*, so *fühle*, sich so *in ihnen* fühle? Schwer! Können diese *Gedichte*, diese schöne Vorlesungen nach attischer Art eine Zeit schaffen, wo diese

Gedichte und Reden Wunder taten und würkten? Ich glaube nein! Und die sogenannten Wiederhersteller der Wissenschaften, wenn auch Papst und Kardinäle, ließen immer Apollo, Musen und alle Götter in den neulateinischen Gedichten spielen – sie wussten, dass es Spiel war. Die Bildsäule Apollo konnte immer neben Christo und der Leda stehen: alle drei taten eine Würkung – keine! – Könnte die Vorstellung, der Schauplatz, würklichen römischen Heroismus hervorbringen und Brutus und Catos schaffen – glaubt ihr, dass euer Schauplatz stehen? dass eure Kanzel stehen würde? – Man ballet endlich in den edelsten Wissenschaften Ossa auf den Pelion – großes Unternehmen! – man weiß beinahe nicht, wozu man ballet? Die Schätze liegen da und werden nicht gebraucht: wenigstens ist's gewiss nicht die Menschheit, die sie jetzt brauchet.

Es war eine Zeit, da alles auf Erziehung stürmte – und die Erziehung wurde gesetzt in schöne Realkenntnisse, Unterweisung, Aufklärung, Erleichterung ad captum und ja in frühe Verfeinerung zu artigen Sitten. Als wenn alle das Neigungen ändern und bilden könnte? Ohne an ein einziges der verachteten Mittel zu denken, wie man gute Gewohnheiten, selbst Vorurteile, Übungen und Kräfte wiederherstellen oder neu schaffen und dadurch allein »bessere Welt« bilden könnte. – Der Aufsatz, der Plan wurde abgefasst, gedruckt, vergessen! ein Lehrbuch der Erziehung, wie wir tausend haben! ein Kodex guter Regeln, wie wir noch Millionen haben werden, und die Welt wird bleiben, wie sie ist.

Wie anders dachten einst darüber die Zeiten und Völker, da alles noch so enge national war. Aus dem besondersten *einzelnen* Bedürfnisse stieg jede Bildung herauf und kehrte dahin zurück – lauter *Erfahrung, Tat, Anwendung des Lebens,* in dem *bestimmtesten* Kreise. Hier in der Patriarchenhütte, dort im engen Ackergebiete, dort in einer kleinen Republik Menschen, wo man alles kennt, fühlt, also auch zu fühlen geben konnte, das menschliche Herz in Hand hatte und übersahe, was man sprach! Da war's also ein guter Vorwurf, den unser erleuchtetes Jahrhundert den minder erleuchteten Griechen macht, dass sie nichts recht Allgemeines und rein Abgezognes philosophiert, sondern immer in der Natur kleiner Bedürfnisse, auf einem *engen* Schauplatz gesprochen hätten. Da war's auch *angewandt* gesprochen, jedes Wort fand *Stelle:* und in den bessern Zeiten, da man noch gar nicht durch Worte sprach, durch *Tat, Gewohnheit, Vorbild,* tausendfachen *Einfluss* – wie anders! bestimmt, stark und ewig. Wir sprechen über hundert Stände, Klassen, Zeiten, Menschengattungen auf einmal, um für jede nichts zu sprechen: unsre Weisheit so fein und unkörperlich – ist abgezogner Geist, der ohne Gebrauch verfliegt. Dort war's und blieb's Weisheit des Bürgers, Geschichte eines menschlichen Gegenstandes, Saft voll *Nahrung.* –

Wenn meine Stimme also Macht und Raum hätte, wie würde ich allen, die an der Bildung der Menschheit würken, zurufen: nicht Allgemeinörter von Verbesserung! *Papierkultur!* womöglich Anstalten – *tun!* Lasst die reden und ins Blaue des Himmels hineinbilden, die das Unglück haben, nichts anders zu können; hat der *Liebling* der Braut nicht eine schönere Stelle als der *Dichter,* der sie singt, oder der Freiwerber, der um sie wirbt? Siehe, wer die Menschenfreundschaft, Völkerliebe und Vatertreue am schönsten besingen kann, hat vielleicht im Sinne, ihr auf Jahrhunderte den tiefsten Dolchstoß zu geben? Dem Scheine nach der edelste Gesetzgeber, vielleicht der innigste Zerstörer seines Jahrhunderts! Von innerer Verbesserung, Menschheit und Glückseligkeit nicht die Rede: – er strebte dem Strom des Jahrhunderts nach, ward Heiland des menschlichen Geschlechts nach dem Wahne des Jahrhunderts, erstrebte sich also auch den kurzen Lohn des allen – welkenden Lorbeer der Eitelkeit, morgen Staub und Asche. – Das große, göttliche Werk, Menschheit zu bilden – still, stark, verborgen, ewig – mit kleiner Eitelkeit konnt's nicht grenzen!

v. Ohne Zweifel wird man nach dem, was ich geschrieben, den Allgemeinsatz anbringen, dass man immer die Ferne lobe und über die Gegenwart klage; dass es Kinder sind, die sich in die Ferne des Goldschaums verlieben, und den Apfel, den sie in der Hand haben, dafür hingeben, weil sie jenes nicht kennen – aber vielleicht bin ich dies Kind nicht. Ich sehe alles Große, Schöne und Einzige unsers Jahrhunderts ein und habe es bei allem Tadel immer zum Grunde behalten. »Philosophie! ausgebreitete Helle! mechanische Fertigkeit und Leichtigkeit zum Erstaunen! Mildheit!« Wie hoch ist, seit der Wiederherstellung der Wissenschaften, unser Jahrhundert darin gestiegen! mit welchen sonderbar leichten Mitteln auf die Höhe kommen! wie stark hat's sie befestigt und für die Nachkommenschaft gesichert! – ich glaube Bemerkungen darüber gegeben zu haben, statt der übertriebenen Lobesdeklamationen, die man in allen, zumal französischen Modebüchern findet. –

Wahrlich ein großes Jahrhundert als Mittel und Zweck: ohne Zweifel der höchste Gipfel des Baums in Betracht aller vorigen, auf denen wir stehen! Wie haben wir uns so vielen Saft aus Wurzel, Stamm und Ästen zunutz gemacht, als unsre dünnen Gipfelzweige nur fassen können! stehen hoch über Morgenländer, Griechen, Römer, zumal über den mittlern gotischen Barbaren! hoch sehen wir also über die Erde! gewissermaße alle Völker und Weltteile unter unserm Schatten, und wenn ein Sturm zwei kleine Zweige in Europa schüttelt, wie bebt und blutet die ganze Welt! Wenn ist je die ganze Erde an so wenig vereinigten Fäden so allgemein zusammengegangen als jetzt? Wenn hat man mehr Macht und Maschinen gehabt, mit einem Druck, mit einem Fingerregen ganze Nationen zu erschüttern? Alles schwebt an der Spitze zweier oder drei Gedanken!

Zu gleicher Zeit – wenn ist die Erde so allgemein erleuchtet gewesen als nun? und fährt immer fort mehr erleuchtet zu werden. Wenn voraus die Weisheit immer nur enge national war und also auch tiefer grub und fester anzog – wie weit gehen jetzt ihre Strahlen! wo wird nicht, was Voltaire schreibt, gelesen! Die ganze Erde leuchtet beinahe schon von Voltaires Klarheit!

Und wie scheint dies immer fortzugehen! Wo kommen nicht europäische Kolonien hin und werden hinkommen! Überall werden die Wilden, je mehr sie unsern Branntwein und Üppigkeit liebgewinnen, auch unsrer Bekehrung reif! Nähern sich, zumal durch Branntwein und Üppigkeit, überall unsrer Kultur – werden bald, hilf Gott! alle Menschen wie wir sein! gute, starke, glückliche Menschen!

Handel und Papsttum, wie viel habt ihr schon zu

diesem großen Geschäfte beigetragen! Spanier, Jesuiten und Holländer: ihr menschenfreundlichen, uneigennützigen, edlen und tugendhaften Nationen! wie viel hat euch in allen Weltteilen die Bildung der Menschheit nicht schon zu danken?

Geht das in den übrigen Weltteilen, wie denn nicht in Europa! Schande für England, dass das Irland so lange wild und barbarisch blieb: es ist poliziert und glücklich. Schande für England, dass die Nordschotten so lange ohne Beinkleider gingen: sie tragen sie jetzt wenigstens auf einer Stange mit sich und sind glücklich. Welch Reich hat sich in unserm Jahrhunderte nicht groß und glücklich gebildet! Ein einziges lag zur Schande der Menschheit in der Mitte da – ohne Akademien und Ackerbausozietäten, trug Knebelbärte und nährte demnach Königsmörder. Und siehe da! was – mit dem wilden Korsika das edelmütige Frankreich schon allein übernommen hatte – das taten drei, – Knebelbärte zu Menschen zu bilden wie wir sind! gute, starke, glückliche Menschen!

Alle Künste, die wir treiben, wie hoch gestiegen! Kann man sich etwas über jene Regierungskunst, das System! die Wissenschaft zur Bildung der Menschheit denken?[o] Die ganze einzige Triebfeder unsrer Staaten, Furcht und Geld: ohne Religion, (die kindische Triebfeder!) ohne Ehre und Seelenfreiheit und Menschenglückseligkeit im mindsten zu brauchen. Wie wissen wir, den einzigen Gott aller Götter, Mammon, als einen zweiten Proteus zu erhaschen! und wie zu verwandeln! und wie alles von ihm zu erzwingen, was wir nur wollen! – höchste glückselige Regierungskunst! –

o *Hume*, Politische Schr., Vers. 4. 9. 25. 26. u. seine Gesch.

Sehet ein Kriegsheer; das schönste Urbild menschlicher Gesellschaft! Alle wie bunt und leicht gekleidet, leicht genähret, harmonisch denkend, frei und bequem in allen Gliedern! edel sich bewegend! Wie helle treffliche Werkzeuge in ihrer Hand! Summe von Tugenden, die sie bei jeder täglichen Handhabung lernen – ein Bild der höchsten Vortrefflichkeit des Menschengeistes und der Regierung der Welt – Resignation!

Gleichgewicht von Europa! du große Erfindung, von der kein Zeitalter vorher wusste! wie sich jetzt diese großen Staatskörper, in denen ohne Zweifel die Menschheit am besten gepflegt werden kann, aneinander reiben, ohne sich zu zerstören und je zerstören zu können, wie wir so traurige Beispiele an der elenden Staatskunst der Goten, Hunnen, Vandalen, Griechen, Perser, Römer, kurz aller Zeiten vor uns haben! und wie sie ihren edlen Königsgang fortgehen, diese Wassertonne voll Insekten in sich zu schlucken, um Einförmigkeit, Friede und Sicherheit zu schaffen. Arme Stadt? gequältes Dorf? – Heil uns! zu Aufrechthaltung des Gehorsams, des Friedens und der Sicherheit, aller Kardinaltugenden und Glückseligkeiten, Söldner! Verbündete! Gleichgewicht Europas! Es wird und muss, Heil uns! ewige Ruhe, Friede, Sicherheit und Gehorsam in Europa bleiben.

Da dürfen nur unsre politische Geschichtschreiber und historische Epopeendichter der Monarchie das Wachstum dieses Zustandes von Zeit zu Zeit malen![p] »Einst, traurige Zeiten! da man bloß nach Bedürf-

p *Robertsons* Gesch. Karls v., die Einleitung, davon dies nur ein treuer Auszug ist, mit etwanigem Urteil über sein Urteil. Ταρασσει τους ανθρωπους ου τα πραγματα, αλλα τα περι των πραγματων δογματα. Επικτ.

nis und eignem Gefühl etwa handelte: traurigere Zeiten, da die Macht der Regenten, gar noch nicht schrankenlos, und traurigste Zeiten unter allen, da ihre Einkünfte noch nicht ganz willkürlich waren – da – wie wenig gibt's für den philosophischen Epopeengeschichtschreiber allgemein zu raisonnieren, oder ins Ganze von Europa hinzumalen! keine Armeen, die vermögend wären, ferne Grenzen zu beunruhigen, kein Landesherr, der aus seinem Lande könnte, zu erobern: also alles nur auf elende Gegenwehr und *Selbstverteidigung* angelegt: keine Politik! kein Blick auf ferne Zeiten und Länder, keine Spekulation in den Mond! also kein Verbindung der Länder durch diese menschenfreundlichen Nächstenblicke – kurz, kein – und das ist das Wort für den neusten höchsten Geschmack! – kein *gesellschaftliches Leben in Europa!* Gottlob! seitdem einzelne Kräfte und Glieder des Staats abgetan, Adel durch Städte, Städte durch freigelassnes Land, und Adel, Städte und freigelassnes Land durch Völker so glorreich gegen- und überwogen, in das Wunderding Maschine hineingelenkt sind, niemand mehr von *Selbstgerechtigkeit, Selbstwürde und Selbstbestimmung* weiß und wissen darf – Heil uns, welch gesellschaftliches Leben in Europa! Wo der Monarch den Staat so ganz in seiner *Macht* hat, dass dieser ihm nicht mehr *Zweck*, sondern *auswärtiges Handeln durch ihn* Zweck ist – wo er also so weit sieht, rechnet, ratschlaget, handelt, jeder durch Winke, von denen er nichts versteht und weiß, zum Enthusiasmus gerührt und geleitet werden, kein Staat ohne den Blick des andern, eine Pflaumfeder aufheben darf – ohne dass von der fernesten Ursache sich allgemeiner Aderlass in allen Weltteilen von selbst beschließe! Große Allgemeinheit! wie gedrungene, menschliche, leidenschaftlose Kriege daher entspringend! wie gerechte, menschliche, billige Unterhandlungen daher entspringend!« Und wie wird die höchste Tugend, die Resignation jedes Einzelnen dabei befördert – hohes gesellschaftliches Leben in Europa!

Und durch wie glorreiche Mittel[q] man dahin gekommen! »dass die Macht der Monarchie in gleichem Schritt mit der Entkräftung einzelner Glieder und der Stärke des Söldnerstandes gewachsen! durch welche Mittel sie ihre Vorrechte erweitert, ihre Einkünfte gemehret, ihre innern Feinde unterjocht oder gelenkt, ihre Grenzen verbreitet – das zeigt die mittlere und neuere, in Sonderheit die Vorgängerin von ganz Europa, die französische Geschichte«. Glorreiche Mittel, und der Zweck wie groß: Waage Europas! Glückseligkeit Europas! Auf der Waage und in der Glückseligkeit bedeutet jedes einzelne Sandkorn ohne Zweifel viel! – –

»Unser System des Handels!« Ob man sich etwas über das Verfeinte der allumfassenden Wissenschaft denke? Was waren's für elende Spartaner, die ihre Heloten zum Ackerbau brauchten, und für barbarische Römer, die ihre Sklaven in die Erdgefängnisse einschlossen! In Europa ist die Sklaverei abgeschafft,[r] weil berechnet ist, wie viel diese Sklaven mehr kosteten und weniger brächten als freie Leute: nur eins haben wir uns noch erlaubt, drei Weltteile als Sklaven zu brauchen, zu verhandeln, in Silbergruben und Zuckermühlen zu verbannen – aber das sind

q Noch immer bloß aus *Robertson* Auszug.

r *Millar*; über den Unterschied der Stände, Hauptst. 5.

nicht Europäer, nicht Christen, und dafür bekommen wir Silber und Edelgesteine, Gewürze, Zucker und – heimliche Krankheit: also des Handels wegen und zur wechselseitigen Bruderhülfe und Gemeinschaft der Länder!

»System des Handels!« Das Große und Einzige der Anlage ist offenbar! Drei Weltteile durch uns verwüstet und polizieret, und wir durch sie entvölkert, entmannet, in Üppigkeit, Schinderei und Tod versenkt: das ist reich gehandelt und glücklich. Wer ist, der nicht an der großen Ziehwolke, die Europa aussaugt, Anteil haben? sich in sie drängen, und, kann er nicht andere, seine eigne Kinder als größter Handelsmann entleeren müsste? – Der alte Name, Hirt der Völker, ist in Monopolisten verwandelt – und wenn die ganze Wolke mit hundert Sturmwinden denn bricht – – großer Gott Mammon, – dem wir alle jetzt dienen, hilf uns! –

»Lebensart und Sitten!« Wie elend, als es noch Nationen und Nationalcharakter gab:[s] was für wechselseitiger Hass, Abneigung gegen die Fremden, Festsetzung auf seinen Mittelpunkt, väterliche Vorurteile, Hangen an der Erdscholle, an der wir geboren sind und auf der wir verwesen sollen! einheimische Denkart! enger Kreis von Ideen – ewige Barbarei! Bei uns sind gottlob! alle Nationalcharaktere ausgelöscht! wir lieben uns alle, oder vielmehr keiner bedarf's, den andern zu lieben; wir gehen miteinander um, sind einander völlig gleich – gesittet, höflich, glückselig! haben zwar kein Vaterland, keine Unsern, für die wir leben; aber sind Menschenfreunde und Weltbürger. Schon jetzt alle Regenten Europas, bald

s *Hume*, Vermischte Schr., T. 4. XXIV.

werden wir alle die französische Sprache reden! – Und denn Glückseligkeit! es fängt wieder die güldne Zeit an, »da hatte alle Welt einerlei Zunge und Sprache! wird eine Herde und ein Hirte werden«! Nationalcharaktere, wo seid ihr? –

»Lebensart und Sitten Europas!« Wie spät reifte in den gotischen Zeiten des Christentums die Jugend: kaum im dreißigsten Jahre mündig: man verlor den halben Teil seines Lebens in einer elenden Kindheit, Philosophie, Erziehung und gute Sitten, welche neue Schöpfung habt ihr geschaffen! Wir sind jetzt im dreizehnten Jahre reif und durch stumme und laute Sünden im zwanzigsten verblühet. Wir genießen das Leben, recht in der Morgenröte und schönsten Blüte!

»Lebensart und Sitten Europas!« Welche gotische Tugend, Bescheidenheit, jugendliche Blödigkeit, Scham![t] Frühe werden wir des zweideutigen, unbehülflichen Mantels der Tugend los; Gesellschaften, Frauenzimmer, (die nun am meisten bei Scham entbehren! und die sie auch am wenigsten nötig haben!), selbst unsre Ältern wischen sie uns frühe von den Wangen: oder wenn das nicht, Lehrmeister guter Sitten! Wir gehen auf Reisen, und wer wird sein ausgewachsenes Kleid der Kindheit, außer Mode und Anstand, wiederbringen? Wir haben Dreustigkeit, Ton der Gesellschaft, Leichtigkeit uns alles zu bedienen! Schöne Philosophie! »Zärtlichkeit des Geschmacks und der Leidenschaften!«[u] Immer waren Griechen und Römer in ihrem Geschmacke noch wie grob!

t *Hurds* Gespräche über das Reisen.

u *Hume*, Pol. Vers. 1. 17. 23.

hatten am wenigsten den Ton des Umgangs mit dem schönen Geschlechte! Plato und Cicero konnten Bände Gespräche über Metaphysik und männliche Künste schreiben, und es sprach nie ein Weib. Wer sollte bei uns ein Stück, und wenn's auch Philoktet auf seiner wüsten Insel wäre, ohne Liebe aushalten! Voltaire – aber man lese, wie ernstlich er selbst vor der Nachfolge gewarnet. Frauenzimmer sind unser Publikum, unsre Aspasien des Geschmacks und der Philosophie. Wir wissen kartesianische Wirbel und newtonische Attraktionen in ein Schnürleib einzukleiden: schreiben Geschichte, Predigten und was nicht mehr? für und als Weiber. Die feinere Zärtlichkeit unsers Geschmacks ist bewiesen.

»Schöne Künste und Wissenschaften!«[v] Die gröbern haben freilich die Alten, und zwar die elende unruhige Regimentsform, kleine Republiken ausbilden können; aber seht auch, wie grob jene Beredsamkeit Demosthenes'! jenes griechische Theater! grob selbst jene gepriesene Antike! Und mit ihrer Malerei und Musik ist's gar nur aufgedunsnes Märchen und Zetergeheul gewesen. Die feinere Blüte der Künste hat auf die glückselige Monarchie gewartet! An den Höfen Ludwigs kopierte Corneille seine Helden, Racine seine Empfindungen: man erfand eine ganz neue Gattung der Wahrheit, der Rührung und des Geschmacks, von der die fabelhaften, kalten, prachtlosen Alten nichts gewusst – die Opera. Heil dir Oper! du Sammelplatz und Wetteifer aller unserer schönen Künste!

In der glückseligen Monarchie war's, wo's noch Erfin-

v *Hume*, Vers. T. 4. XVI, XVII; *Voltaire*, Siècle de Louis XIV., XV. und XX., und die Heere Panegyristen der neuen Literatur.

dungen gab.[w] Man erfand statt der alten pedantischen Universitäten glänzende Akademien. Bossuet erfand eine Geschichte, ganz Deklamation und Predigt und Jahrzahlregister, die den einfältigen Xenophon und Livius so weit übertraf: Bourdaloue erfand seine Redegattung, wie besser als Demosthen! Man erfand eine neue Musik, – Harmonie, die keiner Melodie bedurfte, eine neue Baukunst, was jeder unmöglich geglaubt, eine neue Säule – und was die Nachwelt am meisten bewundern wird, eine Architektur auf der Fläche und mit allen Produktionen der Natur – das Gartenwesen! voll Proportionen und Symmetrie! voll ewigen Genusses und ganz neue Natur ohne Natur. Heil uns! was konnten wir allein unter der Monarchie erfinden!

Am spätsten fing man an zu philosophieren.[x] Und wie neu! ohne System und Grundsätze, dass es frei bliebe, immer zu andrer Zeit auch das Gegenteil zu glauben. Ohne Demonstration! in Witz gehüllet: denn »alle strenge Philosophie hat nie die Welt gebessert«.[y] Endlich gar – herrliche Erfindung! – in Mémoirs und Wörterbüchern, wo jeder lesen kann, was und wie viel er will – und die herrlichste der herrlichen Erfindungen, das Wörterbuch, die Enzyklopädie aller Wissenschaften und Künste. »Wenn einst durch Feuer und Wasser alle Bücher, Künste und Wissenschaften untergehen; aus und an dir, Enzyklopädie! hat der menschliche Geist alles!« Was die Buchdruckerkunst den Wissenschaften, ist die Enzyklopädie der Buchdrucker-

w *Voltaire*, Siècle de Louis XIV.

x Disc. prélim. vor der Enzyklopädie; *Voltaire*, Tableau encyclopédique des connoissances humaines.

y *Hume*, Vers. T. 1. Abh. 1.

kunst geworden:[z] höchster Gipfel der Ausbreitung, Vollständigkeit und ewigen Erhaltung.

Nun sollte ich noch das Beste, unsre ungeheuren Fortschritte in der Religion rühmen. Da wir gar die Lesarten der Bibel aufzuzählen angefangen! in den Grundsätzen der Ehre, seitdem wir das lächerliche Rittertum abgeschafft und Ordens- zu Leitbändern der Knaben und Hofgeschenken erhoben – am meisten aber unsern höchsten Gipfel von menschlichen – Vater-, Weibs- und Kindestugenden rühmen – aber wer kann in einem solchen Jahrhunderte, als das unsere ist, alles rühmen! Gnug wir sind »Gipfel des Baums! in himmlischer Luft webend: die goldne Zeit ist nahe!«

z Disc. prélim. und Mélange de litt. p. *d'Alembert*, T. I, IV.

Dritter Abschnitt

Zusätze

Die Himmelsluft ist so erquickend, dass man gern zu lange über Wipfeln und Bäumen schwebet: hinunter an den traurigen Boden, um etwa aufs Ganze oder Nichtganze einen Blick zu werfen.

Großes Geschöpf Gottes! Werk dreier Weltteile und fast sechs Jahrtausende! die zarte saftvolle Wurzel, der schlanke, blühende Sprößling, der mächtige Stamm, die starkstrebende, verschlungne Äste, die luftigen, weit verbreiteten Zweige – wie ruhet alles aufeinander, ist auseinander erwachsen! – Großes Geschöpf Gottes! aber wozu? zu welchem Zwecke?

Dass offenbar dies Erwachsen, dieser Fortgang auseinander nicht »Vervollkommung im eingeschränkten Schulsinne sei, hat, dünkt mich, der ganze Blick gezeigt«. Nicht mehr Samenkorn, wenn's Sprößling, kein zarter Sprößling mehr, wenn's Baum ist. Über dem Stamm ist Krone; wenn jeder Ast, jeder Zweig derselben Stamm und Wurzel sein wollte – wo bliebe der Baum? Orientalier, Griechen, Römer waren nur einmal in der Welt; sollten die elektrische Kette, die das Schicksal zog, nur in einem Punkte, auf einer Stelle berühren! – Wir also, wenn wir Orientalier, Griechen, Römer auf einmal sein wollen, sind wir zuverlässig nichts.

»In Europa soll jetzt mehr Tugend sein, als je in aller Welt gewesen?« Und warum? weil mehr Aufklärung darin ist – ich glaube, dass eben deshalb weniger sein müsse.

Was ist's, wenn man auch nur die Schmeichler ihres Jahrhunderts frägt, was ist diese mehrere Tugend Europas, durch Aufklärung? – »Aufklärung! Wir wissen jetzt so viel mehr, hören, lesen so viel, dass wir so ruhig, geduldig, sanftmütig, untätig sind. – Freilich – freilich – zwar – und auch das noch; aber bei allem bleibt doch der Grund unsrer Herzen immer so weich!« Ewige *Süßler*, das heißt alles ja, wir sind dort oben die dünnen, luftigen Zweige, freilich bebend und flisternd bei jedem Winde; aber spielt doch der Sonnenstrahl so schön durch uns! stehn über Ast, Stamm und Wurzel *so hoch*, sehen *so weit* und – ja nicht vergessen, können *so weit* und *schön flistern*!

Ob man nicht sähe, dass wir alle Laster und Tugenden der vergangenen Zeit nicht haben, weil wir – durchaus nicht ihren Stand, *Kräfte* und Saft, Raum und *Element* haben. Freilich kein Fehler, aber was erlügt man sich denn auch daraus Lob, Ungereimtheiten von Anmaßung? Was täuscht man sich mit unsern Mitteln der Bildung, als ob die das ausgerichtet? und nimmt alles zusammen, sich über den Tand seiner eignen Wichtigkeit zu hintergehen? Warum endlich trägt man den »Roman einseitiger Hohnlüge« denn in alle Jahrhunderte, verspottet und verunziert damit die Sitten aller Völker und Zeitläufte, dass ein gesunder, bescheidner, uneingenommner Mensch ja fast in allen sogenannt pragmatischen Geschichten aller Welt nichts endlich mehr als den ekelhaften Wust des »Preisideals seiner Zeit« zu lesen bekommt. Der ganze Erdboden wird Misthaufe, auf dem wir Körner suchen und krähen! Philosophie des Jahrhunderts!

»Wir haben keine *Straßenräuber*, keine *Bürgerkriege*, keine *Untaten* mehr« – aber wo? wie? und warum sollten wir sie haben? Unsre Länder sind so wohl poliziert, mit Landstraßen verhauen, mit Besatzungen verpropft, Acker weislich verteilt, die weise Justiz so wachsam – wo soll der arme Spitzbube, wenn er auch Mut und Kraft zu dem rauen Handwerke hätte, es treiben? *warum* es aber auch treiben? Er kann ja nach den Sitten unsers Jahrhunderts auf eine weit bequemere, gar ehrwürdige und glorreiche Weise *Haus-*, *Kammer-* und *Betträuber* werden – in diesen Bedienungen vom Staate *besoldet* werden – warum sich nicht lieber besolden *lassen*? warum das unsichre Handwerk – zu dem er – und darauf kommt's hinaus – weder Mut noch Kraft, noch Gelegenheit hat? Gnade Gott eurer neuen, freiwilligen Tugend!

Haben wir »keine bürgerlichen Kriege«, weil wir alle so zufriedene, allgesättigte, glückliche Untertanen sind? oder ist's nicht eben aus Ursachen, die oft gerade das Gegenteil begleiten? – Kein Laster – weil wir alle so viel hinreißende Tugend, Griechenfreiheit, Römerpatriotism, Morgenlandsfrömmigkeit, Ritterehre, und alle im größten Maße – oder ist's nicht gerade, weil wir der allen *keine* haben und leider also auch ihre einseitige, verteilte Laster nicht haben kennen. Dünne schwankende Äste!

Und als solche ist's freilich mit unser Vorzug, »eben der matten, kurzsichtigen, allverachtenden, allein selbstgefälligen, nichts ausrichtenden und eben in der Unwürksamkeit trostvollen Philosophie« fähig zu sein. Morgenländer, Griechen und Römer waren's nicht.

Als solche ist's unser Vorzug, unsre Mittel der Bildung so bescheiden zu schätzen und anzurechnen. Geistlicher Stand, dass die Welt nie so menschlich, theologisch aufgeklärt: weltlicher Stand, dass sie nie so menschlich, einförmig, gehorsam- und ordnungsvoll: unsre Gerechtigkeit, dass sie nie so menschlich und friedeliebend – endlich unsre Philosophie, dass sie nie so menschlich und göttlich gewesen sei als jetzt – durch wen? – da zeigt jeder auf sich! »Wir sind die Ärzte, die Heilande, die Aufklärer, die neuen Schöpfer – die Zeiten des tollen Fiebers sind vorbei« – Nun ja, gottlob! und der schwindsüchtige Kranke liegt da so ruhig im Bette, wimmert und – – danket! Dankt; aber ob er auch *danke*? Und wenn er's täte; eben dieser Dank, könnte er nicht als Kennzeichen seiner *Verfallenheit*, *Kleinmut* und der *zagendsten Menschheit* eben gelten? Wie wenn sogar *Empfindung eines andern Bessern* mit dem Genusse entflohen wäre? dass ich mich selbst, da ich dies schreibe, vielleicht den giftigsten, höhnischsten Seitabverzerrungen aussetze? Wenn's eben schon gnug wäre, dass wir denken, haben Manufakturen, Handel, Künste, Ruhe, Sicherheit und Ordnung – unsre Regierungen mit nichts mehr in sich zu kämpfen: unsre Staatsverfassungen werden groß! – so weiten Blick umher! – so weit umher, so ferne voraus spielend – welche Zeit konnte das? – Also! – so sprechen unsre Staats-, Handels- und Kunstgeschichte. – Man glaubt Satire zu lesen, und man liest nichts als treue Denkart. Was lohnt's, dass ich weiterrede? Wenn's bloß Sieche wäre; und nicht zugleich Hindernis, das jedes Mittel dagegen aufhebet! – im Todesschweiße aber mit Opium träumen: warum den Kranken stören, ohne dass man ihm hilft?

*

Also vielmehr, was dem Kranken auch mehr gefallen wird. Wir sind bei dieser *Fortrückung* freilich auch auf unsrer Stelle, Zweck und Werkzeug des Schicksals.

Gemeiniglich ist der Philosoph alsdenn am meisten Tier, wenn er am zuverlässigsten Gott sein wollte: so auch bei der zuversichtlichen Berechnung von Vervollkommung der Welt. Dass doch ja alles hübsch in gerader Linie ginge, und jeder folgende Mensch und jedes folgende Geschlecht in schöner Progression, zu der er allein den Exponenten von Tugend und Glückseligkeit zu geben wusste, nach seinem Ideal vervollkommet würde! Da traf's nun immer auf ihn zuhinterst: er das letzte, höchste Glied, bei dem sich alles endigt. »Sehet, zu solcher Aufklärung, Tugend, Glückseligkeit ist die Welt gestiegen! ich, hoch auf dem Schwengel! das goldne Zünglein der Weltwaage: sehet mich!«

Und der Weise bedachte nicht, was ihn doch das leiseste Echo von Himmel zu Erde hätte lehren müssen, dass wahrscheinlich immer Mensch Mensch bleibe, nach der Analogie aller Dinge nichts als Mensch! Engel und Teufelgestalt im Menschen – Romangestalten! – Er nichts als das Mittelding zwischen! trotzig und verzagt, in Bedürfnis strebend, in Untätigkeit und Üppigkeit ermattend, ohne Anlass und Übung nichts, durch sie allmählich fortschreitend, beinah alles – Hieroglyphe des Guten und Bösen, wovon die Geschichte voll ist – Mensch! – immer nur Werkzeug!

– Bedachte nicht, dass dies verborgne Doppelgeschöpf tausendfach modifiziert werden könne und nach dem Bau unsrer Erde fast müsse; dass es eine Schöpfung von Klima, Zeitumständen, mithin National- und Säkulartugenden gebe, Blüten, die unter dem Himmel wachsen und fast von nichts gedeihen, dort aussterben oder elend falben (eine *Physik der Geschichte*, Seelenlehre und Politik, woran ja unser Jahrhundert schon so viel gedichtet und gebrütet hat!), dass es dies alles geben könne und müsse, von innen aber unter der vielfach veränderten Schlaube immer noch derselbe Kern von Wesen und Glückfähigkeit aufbewahrt sein könne und nach aller menschlichen Erwartung fast sein werde.

– Bedachte nicht, dass es unendlich mehr Fürsorge des *Allvaters* zeige, wenn dies geschähe; wenn in der Menschheit ein unsichtbarer *Keim* der *Glücks- und Tugendempfänglichkeit* auf der ganzen Erde und in allen Zeitaltern liege, der *verschiedlich* ausgebildet, zwar in verschiednen Formen erscheine, aber innerlich nur ein Maß und Mischung von Kräften.

– Bedachte endlich nicht – allwissendes Geschöpf! –, dass mit dem Menschengeschlecht ein *größerer Plan Gottes im Ganzen* sein könne, den eben ein einzelnes Geschöpf nicht übersiehet, eben weil nichts auf etwas bloß *Einzelnes*, zumal nicht auf den Philosophen oder Thronsitzer des achtzehnten Jahrhunderts als letzte Endlinie liefe – weil etwa noch alle Szenen, in deren jeder jeder Schauspieler nur Rolle hat, in der er streben und glücklich sein kann – alle Szenen noch etwa ein *Ganzes*, eine *Hauptvorstellung* machen können, von der freilich der einzelne, eigennützige Spieler nichts wissen und sehen, die aber der Zuschauer im rechten Gesichtspunkte und in ruhiger Abwartung des Folgeganzen wohl sehen könnte. –

Siehe das ganze Weltall von Himmel zu Erde – was ist Mittel? was ist Zweck? nicht alles Mittel zu *Millionen Zwecken*? nicht alles Zweck von *Millionen Mitteln*? Tausendfach die Kette der allmächtigen, allweisen Güte in-

und durcheinandergeschlungen: aber jedes Glied in der Kette an seinem Orte *Glied* – hängt an Kette und sieht nicht, wo *endlich die Kette hange*. Jedes fühlt sich im Wahne als *Mittelpunkt*, fühlt alles im Wahne um sich nur so fern als es Strahlen auf diesen Punkt, oder Wellen geußt, schöner Wahn! Die große Kreislinie aber *aller* dieser Wellen, Strahlen und scheinbaren Mittelpunkte – *wo? wer? wozu?*

In der Geschichte des menschlichen Geschlechts wär's anders? auch mit allen Wellen und Folgezeiten anders, als eben der »Bauplan allmächtiger Weisheit?« Wenn das *Wohnhaus* bis aufs kleinste Behör »Gottesgemälde« zeiget – wie nicht die *Geschichte seines Bewohners*? Jenes nur Dekoration! Gemälde in einem Auftritte, Ansicht! Dies ein »*unendliches Drama von Szenen*! *Epopee* Gottes durch alle Jahrtausende, Weltteile und Menschengeschlechte, *tausendgestaltige Fabel* voll *eines großen Sinns*!« –

Dass dieser Sinn, dieser *Allanblick* wenigstens *außer* dem Menschengeschlechte liegen müsse – Insekt einer Erdscholle, siehe wieder auf Himmel und Erde! Findest du im ganzen tot und lebendig *auf einmal* webenden Weltall *dich* den ausschließenden Mittelpunkt, auf den alles würke? oder würkest du nicht selbst mit *wo? wie?* und *wenn?* (Wer hat dich darum gefragt?) zu *höhern*, dir *unbekannten* Zwecken? zu Zwecken, zu denen der Morgenstern und die kleine Wolke neben ihm, du und der Wurm mitwürkt, den du jetzt zertrittst! Das nun in der großen, allweiten *Zusammenwelt* eines Augenblicks unleugbar und unerforschlich: in der großen, allweiten *Folgewelt*, in allen Begebenheiten und Fortwickelungen des Menschengeschlechts, in dem Drama, voll Weisheit und, Knote des Erfinders, kannst du da etwas minder und anders vermuten? Und wenn dir das Ganze ein Labyrinth wäre, mit hundert Pforten verschlossen, mit hundert geöffnet – der Labyrinth ist »Palast Gottes, zu seiner Allerfüllung, vielleicht zu seinem Lustanblicke, nicht zu deinem!«

Abgrund die ganze Welt, der Anblick Gottes in einem Momente – Abgrund, worin ich von allen Seiten verloren stehe! sehe ein großes Werk ohne Namen, und überall voll Namen! voll Stimmen und Kräfte! Ich fühle mich nicht an dem Orte, wo die Harmonie aller dieser Stimmen in ein Ohr tönt, aber was ich hier an meinem Orte von verkürztem, verwirrendem Schalle höre, so viel weiß und höre ich gewiss, hat auch was Harmonisches! tönt auch zu Lobgesang im Ohre dessen, für den Raum und Zeit nichts sind. – Menschenohr weilet wenige Augenblicke, hört auch nur wenige Töne, oft nur ein verdrüssliches Stimmen von Misstönen, denn es kam dies Ohr eben zur Zeit des Stimmens und traf unglücklicherweise vielleicht in den Wirbelwind eines Winkels. Der aufgeklärte Mensch der spätern Zeit, Allhörer nicht bloß will er sein, sondern selbst der letzte Summenton aller Töne! Spiegel der Allvergangenheit und Repräsentant des Zwecks der Komposition in allen Szenen! Das altkluge Kind lästert; ei, wenn's vielleicht gar nur Nachhall des letzten übrig gebliebnen Sterbelauts wäre oder ein Teil des Stimmens! –

Unter dem großen Baume Allvaters,[a] dessen Gipfel über

a Eine große Vorstellung der nordischen Edda!

alle Himmel, dessen Wurzeln unter Welten und Hölle reichen: bin ich *Adler* auf diesem Baume? bin der *Rabe*, der auf seiner Schulter ihm täglich den Abendgruß der Welten zu Ohr bringt? – welch eine kleine *Laubfaser* des Baums mag ich sein! kleines Komma oder Strichlein im Buche aller Welten!

Was ich auch sei! Ruf von Himmel zu Erde, dass, wie alles, so auch ich an meiner Stelle *etwas* bedeute. Mit *Kräften ausgespart zum Ganzen*, und ja nur mit Gefühl der Glückseligkeit auch nach Maß dieser Kräfte! Wer meiner Brüder hatte Vorrecht, ehe er war? und wenn's Zweck und Zusammenstimmung des Hausrats foderte, dass er Gold-, ich Erdegefäß wurde – ich nun eben Erdegefäß auch in Zweck, Klang, Dauer, Gefühl und Tüchtigkeit, kann ich mit dem Werkmeister streiten? Ich bin nicht übergangen, niemand vorgezogen; Fühlbarkeit, Tätigkeit und Tüchtigkeit des Menschengeschlechts ist *verteilt*. Hier reißt der Strom ab, dort setzt er an. Wem viel gegeben ist, der hat auch viel zu leisten. Wer mit viel Sinnen erquickt wird, hat mit viel Sinnen zu streben – Ich glaube nicht, dass ein Gedanke, mit dem, was er *sagt* und *verschweigt*, was er *in Ansicht gibt*, und worüber er *Himmelsdecke ziehet*, größere Empfindung gebe als dieser, im Lichte der ganzen Geschichte! –

*

Dass er darin erscheine, dahin läuft wenigstens mein Wunsch, die große olympische Rennbahn! Ist unser Zeitalter in irgendeiner Absicht edel nutzbar, so ist's »seine *Späte*, seine *Höhe*, seine *Aussicht*!« Was Jahrtausende durch auf dasselbe bereits *zubereitet* worden! wodurch es wieder in so höherm Sinn auf ein anderes zubereite! die Schritte gegen und von ihm – Philosoph, willt du den Stand deines Jahrhunderts ehren und nutzen: das Buch der Vorgeschichte liegt vor dir! mit sieben Siegeln verschlossen; ein Wunderbuch voll Weissagung: auf dich ist das Ende der Tage kommen! lies!

Dort, Morgenland! die Wiege des Menschengeschlechts, menschlicher Neigungen und aller Religion. Wenn Religion in aller kalten Welt verachtet und verglüht sein sollte: ihr Wort dorther, Feuer- und Flammengeist dorther webend.[b] Mit Vaterwürde und Einfalt, die in Sonderheit noch immer »das Herz des unschuldigen Kindes« wegführt! Kindheit des Geschlechts wird auf Kindheit jedes Individuums würken: der letzte Unmündige noch im ersten Morgenlande geboren! –

Die Jünglinge aller sogenannten feinen Literatur und Kunst sind die Griechen: was weiter liegt, ist dem Gesichte des Jahrhunderts vielleicht zu tief, zu kindisch; aber sie in der rechten Morgenröte der Weltbegebenheiten, was haben sie auf all ihre Nachzeit gewürkt! – Die schönste Blüte des menschlichen Geistes, des Heldenmuts, der Vaterlandsliebe, des Freigefühls, der Kunstliebhaberei, des Gesanges, des Tons der Dichtung, des Lauts der Erzählung, des Donners der Beredsamkeit, des Aufbruchs aller bürgerlichen Weisheit, wie es jetzt ist, ist ihr. Sie dahin gestellet: Ihnen Himmel, Land, Verfassung, ein glücklicher Zeitpunkt gegeben: sie bildeten, erfanden, nannten: wir bilden und nennen noch nach – ihr Jahrhundert hat ausgerichtet! – aber nur einmal ausgerichtet! Da Menschengeist mit al-

b Das verachtete Buch – die Bibel!

len Kräften es zum zweiten Mal wecken wollte – der Geist war Staub; der Sprössling blieb Asche: Griechenland kam nicht wieder.

Römer, die ersten Sammler und Austeiler der Früchte, die anderweit vorher gewachsen, jetzt reif in ihre Hände fielen. Zwar mussten sie Blüte und Saft an seinem Orte lassen: aber Früchte teilten sie doch aus: Reliquien der uralten Welt im Römerkleide, nach Römerart, in Römersprache – wie, wenn alles unmittelbar aus Griechenland gekommen wäre? Griechengeist, Griechenbildung, Griechensprache? – wie alles anders in Europa! – Es sollte nicht! Griechenland, noch so entfernt dem Norden, in seinem schönen Archipelagus von Weltgegend: der menschliche Geist in ihm, noch so schlank und zart – wie sollt er mit allen Völkern ringen? ihnen seine Nachfolge aufzwingen? wie konnte die grobe nordische Schale den feinen Griechenduft fassen? Also Italien war die Brücke: Rom die Mittelzeit der Härtung des Kerns und seiner Austeilung – selbst die heilige Sprache der neuchristlichen Welt war ein Jahrtausend durch mit allem, was ihr anklebt, in ganz Europa römisch.

Selbst, da Griechenland zum zweiten Mal auf Europa würken sollte, konnt's dicht unmittelbar würken: Arabien ward der verschlämmte Kanal – Arabien der under-plot zur Geschichte der Bildung Europas. Wenn, wie's jetzt ist, Aristoteles bestimmt war, seine Jahrhunderte allein zu herrschen und die Würme und Modermotten der scholastischen Denkart in allem – zu erzeugen: wie, wenn's Schicksal gewesen wäre, dass Plato, Homer, die Dichter, Geschichtschreiber, Redner früher hätten würken können? – wie alles unendlich anders! Es war nicht bestimmt. Der Kreis sollte dort hinüber: die arabische Religion und Nationalkultur hasste diese Blumen: vielleicht hätten sie in Europa der Zeiten auch noch nicht gedeihet; da sich gegenteils aristotelische Spitzfündigkeit und mohrischer Geschmack so wohl mit dem Geiste der Zeit vertrug – *Schicksal!* –

In Europa sollte das *Gewächs der alten Weltjahrhunderte* nur gedörret und abgekeltert werden: aber von da aus unter die Völker der Erde kommen: wie sonderbar nun, dass sich Nationen auf die Stätte zur Arbeit drangen, ohne zu wissen, wie? und wozu? Das Schicksal rief sie zum Geschäfte in den Weinberg; nach und nach, jeden zu seiner Stunde. Alles war schon erfunden, gefühlt, fein ersonnen, was vielleicht ersonnen werden konnte: hier ward alles nun in *Methode, in Form der Wissenschaft* geschlagen – und denn kamen nun eben die neuen, kältesten mechanischen *Erfindungen* hinzu, die es ins Große spielten: Maschinen der kalten europäisch-nordischen *Abstraktion*, für die Hand des Alllenkers große Werkzeuge! Da liegen nun die Samenkörner fast unter allen Nationen der Erde: wenigstens allen *bekannt*, allen *zugangbar*: werden sie haben, wenn ihr Zeitpunkt kommt. Europa hat sie gedörret, aufgefädelt, verewigt – sonderbarer Ball! Was hast du kleiner nordischer Weltteil, einst Abgrund von Hainen und Eisinseln, auf dem Balle werden müssen! – was wirst du noch werden! –

Die sogenannte *Aufklärung* und *Bildung* der Welt hat nur einen *schmalen Streif des Erdballs* berührt und gehalten: auch können wir nicht etwas in ihrem Laufe, Stande und Umlaufe ändern, ohne dass sich zugleich alles ändert. Wie? wenn z. E. allein die Einführung der Wissenschaften, der Religion; der Reformation anders gewesen wäre? – sich die nordischen Völker anders gemischt, anders gefolgt wären? nicht das Papsttum so lange Vehikulum sein müssen? – was könnt ich nicht noch zehnfach mehr fragen? – Träume! Es war nicht: und hinten nach können wir immer etwas durchblicken, warum es nicht war? Freilich aber ein kleines Etwas!

Auch sieht man, warum eigentlich keine Nation *hinter* der andern, selbst mit allem Zubehör derselben jemals worden ist, was die andre war? Mochten alle Mittel ihrer Kultur dieselben sein: Kultur *nimmer dieselbe*, weil allemal schon alle Einflüsse der alten, jetzt veränderten Natur dazu fehlten. Griechenwissenschaften, die die Römer an sich zogen, wurden römisch: Aristoteles ein Araber und Scholastiker: und mit den Griechen und Römern der neuen Zeiten – welche elende Sache! Marsilius, du bist Plato? Lipsius, du Zeno? Wo sind deine Stoiker? deine Helden, die dort so viel taten? Alle ihr neuen Homere, Redner und Künstler – wo ist eure Welt der Wunder?

Auch in kein Land hat die Bildung ihren *Rücktritt* nehmen können, dass sie zum *zweiten Mal* geworden wäre, was sie war – der Weg des Schicksals ist eisern und strenge: Szene *der* Zeit, *der* Welt war schon vorüber; Zwecke, wozu sie sein sollten, vorbei – kann der heutige Tag der gestrige werden? Werden, da der *Gang Gottes unter die Nationen* mit Riesenschritten fortgeht, kindische Rückpfade von Menschenkräften bewürkt werden können? – Ihr Ptolomäen konntet nicht wieder Ägypten schaffen! ihr Hadriane nicht Griechenland wieder! noch Julian Jerusalem! – Ägypten, Griechenland und du Land Gottes! wie elend liegt ihr, mit nackten Bergen, ohne Spur und Stimme des Genius, der voraus auf euch gewandelt und in alle Welt sprach – warum? er hat ausgesprochen! Sein Druck auf die Zeiten ist geschehen: das Schwert ausgebraucht, und die zerstückte, leere Scheide liegt da! Das wäre Antwort auf so viel unnütze Zweifel, Bewunderungen und Fragen.

*

»Gang Gottes über die Nationen! Geist der Gesetze, Zeiten, Sitten und Künste, wie sie sich einander gefolgt! zubereitet! entwickelt und vertrieben!« hätten wir doch einen solchen Spiegel des Menschengeschlechts in aller Treue, Fülle und Gefühl der Offenbarung Gottes. Vorarbeiten gnug; aber alles in Schlaube und Unordnung! Wir haben unser jetziges Zeitalter fast aller Nationen und so die Geschichte fast aller Vorzeiten durchkrochen und durchwühlt, ohne fast selbst zu wissen, wozu wir sie durchwühlt haben. Historische Fakta und Untersuchungen, Entdeckungen und Reisebeschreibungen liegen da: wer ist, der sie sondere und sichte?

»Gang Gottes über die Nationen!« Montesquieus edles Riesenwerk hat nicht durch eines Mannes Hand werden können, was es sein sollte. Ein gotisches Gebäude im philosophischen Geschmack seines Jahrhunderts, Esprit! oft nichts weiter! aus Stelle und Ort gerissen und auf drei oder vier Marktplätze, unter das Panier drei elender Allgemeinörter – Worte! – dazu leerer, unnützer, unbestimmter, allverwirrender Espritworte! hingetrümmert. Durchs Werk also ein Taumel aller Zeiten, Nationen und Sprachen, wie um den Turm der Verwirrung, dass jedweder seinen Bettel, Reichtum und Ranzen an drei schwache Nägel hange – Geschichte aller Völker und Zeiten, dies große lebendige Werk Gottes auch in seiner Folge, ein Ruinenhaufen von drei Spitzen und Kapseln – aber freilich auch sehr edeler, würdiger Materialien – Montesquieu!

Wer, der uns den Tempel Gottes herstelle, wie er in seinem Fortgebäude ist, durch alle Jahrhunderte hindurch! Die ältesten Zeiten der Menschenkindheit sind vorbei: aber Reste und Denkmäler gnug da – die herrlichsten Reste, Unterweisung des Vaters selbst an diese Kindheit – Offenbarung! Sagst du, Mensch, dass sie dir zu alt sei, in deinen zu klugen, altgreisen Jahren – siehe um dich! der größte Teil von Nationen der Erde ist noch in Kindheit, reden alle noch die Sprache, haben die Sitten, geben die Vorbilder des Grads der Bildung – wohin du unter sogenannte Wilde reisest und horchest, tönen Laute zur Erläuterung der Schrift! wehen lebendige Kommentare der Offenbarung!

Die Abgötterei, die die Griechen und Römer so viel Jahrhunderte genossen; der oft fanatische Eifer, mit dem alles bei ihnen aufgesucht, ins Licht gesetzt, verteidigt, gelobt worden – welche große Vorarbeiten und Beiträge! Wenn der Geist der übertriebnen Verehrung wird gedämpft; die Parteilichkeit, mit der ein jeder sein Volk als eine Pandora liebkoset, gnug ins Gleichgewicht gebracht sein – ihr Griechen und Römer, denn werden wir euch kennen und ordnen!

Es hat sich ein Nebenweg zu den Arabern gezeigt, und eine Welt von Denkmälern liegt da, um sie zu kennen. Es haben sich, obwohl zu ganz andern Zwecken, Denkmäler der mittlern Geschichte vorgefunden, teils wird sich, was noch im Staube liegt (wenn alles von unsrer aufgeklärten Zeit so gewiss zu hoffen wäre!), gewiss bald, vielleicht in einem halben Jahrhunderte finden. Unsre Reisebeschreibungen mehren und bessern sich: alles läuft, was in Europa nichts zu tun hat, mit einer Art philosophischer Wut über die Erde – wir sammlen »Materialien aus aller Welt Ende« und werden in ihnen einst finden, was wir am wenigsten suchten, Erörterungen der Geschichte der wichtigsten menschlichen Welt.

Unsre Zeit wird bald mehrere Augen öffnen: uns zeitig gnug wenigstens idealische Brunnquellen für den Durst einer Wüste zu suchen treiben. – – Wir werden Zeiten schätzen lernen, die wir jetzt verachten – das Gefühl allgemeiner Menschheit und Glückseligkeit wird rege werden: Aussichten auf ein höheres als menschlich Hiesein wird aus der trümmervollen Geschichte das Resultat werden, uns Plan zeigen, wo wir sonst Verwirrung fanden: Alles findet sich an Stelle und Ort – Geschichte der Menschheit im edelsten Verstande – du wirst werden! So lange lasset also den großen Lehrer und Gesetzgeber der Könige führen und verführen. Er hat so schönes Vorbild gegeben, mit zwei, drei Worten alles zu messen, auf zwei, drei Regimentsformen, denen man's leicht ansieht, wannen und wie eingeschränktes Maßes und Zeitraums sie sind? – auf sie alles hinzuführen. Wie angenehm ihm im Geiste der Gesetze aller Zeiten und Völker und nicht seines Volks zu folgen – auch das ist Schicksal. Man hat oft lange den Fadenknäul in der Hand, freut sich, daran bloß einzeln rupfen zu können, um ihn nur mehr zu wirren! Eine glückliche Hand, die das Gewirre an einem Faden sanft und langsam zu entwickeln Lust hat – wie weit und eben läuft der Faden! Geschichte der Welt! dahin denn jetzt die kleinsten und größten Reiche und Vogelnester streben. –

*

Alle Eräugnisse unsrer Zeit sind auf großer Höhe und streben weit hinaus – mich dünkt, in beidem liegt der Ersatz dessen, dass wir freilich als Einzelne mit wenigerer Kraft und Freudegefühl würken können. Also würklich Aufmunterung und Stärke.

Du kannst, Sokrates unsrer Zeit! nicht mehr wie Sokrates würken: denn dir fehlt der kleine, enge, stark regsame, zusammengedrängte Schauplatz! die Einfalt der Zeiten, Sitten und des Nationalcharakters! die Bestimmtheit deiner Sphäre! – Erdbürger und nicht mehr Bürger zu Athen, fehlt dir natürlich auch die Ansicht dessen, was du in Athen tun sollt: das sichere Gefühl dessen, was du tust: die Freudempfindung von dem, was du ausgerichtet habest – dein Dämon! Aber siehe! wenn du wie Sokrates handelst, demütig Vorurteilen entgegenstrebest, aufrichtig, menschenliebend, dich selbst aufopfernd Wahrheit und Tugend ausbreitest, wie du kannst – Umfang deiner Sphäre ersetzt vielleicht das Unbestimmtere und Verfehlende deines Beginnens! Dich werden hundert lesen und nicht verstehen: hundert und gähnen: hundert und verachten: hundert und lästern: hundert und die Drachenfesseln der Gewohnheit lieber haben und bleiben, wer sie sind. Aber bedenke, noch vielleicht hundert überbleiben, bei denen du fruchtest: wenn du lange verweset bist, noch eine Nachwelt, die dich lieset und besser anwendet. Welt und Nachwelt ist dein Athen! rede!

Welt und Nachwelt! Ewiger Sokrates, würkend und nicht bloß die tote Büste mit Pappellaube bekränzt, wie wir's Unsterblichkeit nennen! Jener sprach anschaulich, lebendig, im engen Bezirke: und sein Wort fand eine so gute Stelle. – Xenophon und Plato dichteten ihn in ihre Denkbücher und Gespräche: es waren nur Manuskripte, zum Glück für uns, besser als hundert andre, dem wegschwemmenden Strom der Zeit entronnen. Was du schreibst, sollte, Wort für Wort, Welt und Ewigkeit wert sein, weil du (wenigstens Materialien und Möglichkeit nach), für Welt und Ewigkeit schreibest. In wessen Hand kann deine Schrift kommen! im Kreise wie würdiger Männer und Richter solltest du reden! Tugend lehren, in dem Lichte und Klarheit, wie's Sokrates in seinem Alter noch nicht konnte! zur Menschenliebe anmuntern, die, wenn sie sein könnte, wahrhaftig mehr als Vaterlands- und Bürgerliebe wäre! Glückseligkeit auch in Zuständen, auch unter Situationen verbreiten, wie jene mit den dreißig Heilanden des Vaterlands, denen auch ihre Statuen gesetzt waren, kaum sein mochten – Sokrates der Menschheit!

Lehrer der Natur! was kannst du mehr sein als Aristoteles und Plinius! wie weit mehr sind dir Wunder und Werke geöffnet! was für Hülfsmittel, sie den Augen andrer zu öffnen, die jene nicht hatten! auf welcher Höhe stehest du! Gedenke Newtons! was der einige Newton fürs Ganze des menschlichen Geistes gewürket! was das alles allweit gewürket, geändert, gefruchtet! zu welcher Höhe er sein ganzes Geschlecht gehoben! – – Du stehest auf der Höhe! strebest, statt die große Schöpfung Gottes in ein klein Gebäude deines Kopfs (von Kosmogonie, Tierentstehung, Formenbildung u. dgl.[c]) zu verengen, bloß dem Strome

c *Buffon.*

der Gotteskraft nach, sie in allen Formen, Gestalten und Schöpfungen tief und treu zu fühlen, zu fühlen zu geben, dem Schöpfer zu dienen und nicht dir – Bote der Herrlichkeit durch alle Reiche der Wesen! Nur von dieser Zeithöhe konntest du den Himmelsflug nehmen, entdecken, mit der Fülle und Adel und Weisheit reden! mit der unschuldigen, mächtigen, allgütigen Gottesansicht Menschenherzen erquicken, die aus keiner andern Pfütze erquickt werden konnten. Das tust du für Welt und Nachwelt! Freilich unter allen Entdeckern und Forschern nur einer, ein kleiner Name! aber für Welt und Nachwelt! und wie hoch! wie herrlich – als es Plinius und Aristoteles nicht konnten – Engel Gottes in deiner Zeit!

Was für hundert mehrere Mittel hat Arzt und Menschennaturkenner jetzt als Hippokrates und Machaon! in Vergleich dieser gewiss Sohn Jupiters, Gott! Und wie? wenn er's nun auch mit aller Empfindung jener menschlichern Zeiten würde! Gott, Entdecker und Heiland dem Siechen an Leib und Seele! rettend hier einen Jüngling, der jetzt unter den ersten Rosen des Lebens, die er zu brechen glaubte, eine Feuerschlange fand – ihn (er kann's vielleicht allein!) ihm selbst, Ältern, der Nachkommenschaft, die durch uns leben- oder todvolles Dasein erwartet, der Welt, der Tugend wiedergebe! Unterstützte hier den Mann, der ein Opfer seiner Verdienste durch Arbeit oder Gram ward, schenkte ihm die süßeste Belohnung, die er jetzt doch nur oft als ganzen Dank für sein Leben genießen konnte, ein heitres Alter! rettet ihn – vielleicht die einzige Säule gegen hundert Unfälle der Menschheit, die den letzten Blick seiner Augen begleiten werden, nur einige Jahre vom Grabe! Das Gute dieser Jahre sein: das Tröstende, Heitre, was dieser Totenerweckte verbreitet, sein! in Zeiten, wo ein geretteter Mann so viel tun und wo auch die unschuldigere Menschheit auf wie hundert Weisen so elend erliegen kann – was bist du in den Zeiten, Arzt mit menschlichem Herzen!

Was soll ich alle Stände und Klassen durchgehen, der Gerechtigkeit, der Religion, der Wissenschaften, einzelner Künste – je höher jede in ihrer Art ist, je weiter sie würken kann; wie besser und lieber! Eben weil du nur *freiwillig* so würken musstest, weil nichts dich foderte oder zwang, in deinem Stande und Klasse so gut und groß und edel zu handeln: eben weil dich nichts so gar *weckte* und vielmehr alles zudrang, dich zu einem bloß *mechanischen* Diener deiner Kunst zu machen und jede tiefere Empfindung einzuschläfern – vielleicht dies Ungewöhnliche, das dir statt Lorbeer gar Dornen auf dein Haupt pflanzte – umso reiner, stiller, göttlicher ist deine *verborgne, geprüftere* Tugend; ist mehr als jene Tugend andrer Zeiten, die von *Antrieben* und *Belohnungen* geweckt, am Ende doch nur *Bürgerzubehör* war und edle Pracht des *Körpers*! Die deine ist Lebenssaft des *Herzens*.

Wie müsste ich reden, wenn ich das Verdienst derer beschreiben wollte, die wirklich Säulen oder Angeln unsres Jahrhunderts sind, um die sich alles bewegt. *Regenten!* Hirten! Pfleger der Völker! – ihre Kraft mit den Triebfedern unsrer Zeit ist halbe Allmacht! Schon ihr Bild, ihr Anschauen, ihr Belieben, ihre schweigende, nur geschehenlassende Denkart – sagt ihnen ihr Genius nur, dass sie zu was Edlerm da sind als mit einer ganzen Herde, als Maschine, zu eignen – es sei auch so glorreichen Zwecken – zu spielen, diese Herde auch, als Zweck! zu weiden, wenn mehr, für ein größeres Ganze der Menschheit zu sorgen – Regenten, Hirten, Pfleger der Völker! den Zepter der Allmacht in ihrer Hand! mit wenigen Menschenkräften! in Jahren! durch bloße Absicht und Aufmunterung, wie unendlich mehr zu tun, als jener Mogul auf seinem goldnen Throne tut oder jener Despot auf einem Thron Menschenköpfe jetzt tun will! Wer unter bloß politischen Absichten erliegt: ist vielleicht im höchsten Stande so gemeinere Seele als jener Linsenwerfer, nur glücklich geworfen zu haben, oder jener Flötenspieler, der nur die Löcher trifft. –

Mit dir rede ich lieber, Hirt deiner Herde, Vater, Mutter in der armen Hütte! Auch dir sind tausend Antriebe und Lockungen genommen, die dir einst dein Vatergeschäft zum Himmel machten. Kannst dein Kind nicht bestimmen! wird dir frühe vielleicht in der Wiege schon mit einer Ehrenfessel der Freiheit – höchstes Ideal unserer Philosophen! – gezeichnet: kannst's nicht für väterlichen Herd, Vatersitten, Tugend und Dasein erziehen – es mangelt dir also schon immer Kreis, und da alles verwirret ist und läuft, dir erleichterndste Triebfeder der Erziehung, Absicht. Musst besorgen, dass, sobald es dir aus den Händen gerissen wird, es mit einmal ins große Lichtmeer des Jahrhunderts, Abgrund! sinke – versunknes Kleinod! unwiederbringliche Existenz einer Menschenseele! der blütenreiche Baum, zu früh aus seiner Muttererde gerissen, in eine Welt von Stürmen verpflanzt, denen der härteste Stamm oft kaum bestehet, vielleicht gar dahin eingepflanzt mit verkehrtem Ende, Gipfel statt Wurzel, und die traurige Wurzel in der Luft – er droht dir in kurzem dazustehn, verdorret, scheußlich, Blüte und Frucht auf der Erde! – Verzweifle nicht im Hefen des Zeitalters! was dich auch drohe und hindere – erziehe. Erzieh umso besser, sicherer, fester – für alle Stände und Trübsale, wohin er geworfen werde! für Stürme, die auf ihn warten! Untätig sein kannst du doch nicht: böse oder gut erziehen musst du: gut – und wie größere Tugend! wie größerer Lohn, als in jedem Paradiese leichterer Zwecke und einförmigerer Bildung. Wie nötiger hat jetzt die Welt einen der simplen Tugend Erzognen, als sie's jemals hatte! – Wo alle Sitten gleich und alle gleich eben, recht und gut sind – was braucht's Mühe! Gewohnheit erzieht und Tugend verliert sich in bloße Gewohnheit. Aber hier! Ein leuchtender Stern in der Nacht! Demant unter Haufen Erde- und Kalksteine! Einen Menschen unter Scharen Affen und politischer Larven – wie viel kann er weiterbilden durchs stille, göttliche Beispiel! Wellen um und nach sich verbreiten vielleicht in die Zukunft! – Zudem denke, wie reiner deine Tugend und edler! mehrere und größere Hülfsmittel der Erziehung von gewissen Seiten, je mehr dir und deinem Jünglinge äußere Triebfedern auf der andern Seite fehlen! denke, zu welcher höhern Tugend du ihn erziehest, als zu der Lykurg und Plato erziehen konnten und durften! – das schönste Zeitalter für die stille, verschwiegne, meist verkannte, aber so hohe, sich so weit verbreitende Tugend!

Das dünkt mich also immer gewiss: je weniger es in unserm Jahrhunderte geben mag, ganz und groß Gute: je schwerer die höchste Tugend uns werden muss und je stiller, verborgner sie anitzt nur werden kann – wo sie ist, umso höhere, edlere, vielleicht einmal unendlich nützliche und folgenschwangere Tugend! Indem wir uns meistens verlassen und verleugnen: können manche unmittelbare Belohnungen nicht genießen, streun das Samenkorn in die *weite Welt* hin, ohne zu sehen, wo es falle? wurzele? ob's auch da nur einmal zum Guten fruchte? Edler, ins *Verborgne* und *Allweite* zu säen, ohne dass man selbst Ernte erwartet! und gewiss umso größer die allweite Ernte! Dem wehenden Zephyr vertraue den Samen: umso weiter wird er ihn führen, und wenn einmal alle die Keime aufwachen, zu denen auch der edlere Teil unsers Jahrhunderts still und schweigend beitrug – in welche selige Zeit verliert sich mein Blick! –

*

Eben an Baumes *höchsten* Zweigen blühen und sprießen die *Früchte* – siehe da die schöne Voraussicht des größesten der Werke Gottes! *Aufklärung* – wenn sie uns gleich nicht immer zustattenkommt, wenn wir gleich bei größerer Oberfläche und Umfange an *Tiefe* und Grabung des Stroms verlieren: gewiss eben damit, dass wir uns einem großen Ozean, schon selbst ein kleines Meer, nähern. Assoziierte Begriffe aus aller Welt: eine Kenntnis der Natur, des Himmels, der Erde, des Menschengeschlechts, wie sie uns beinah unser Universum darreichen kann – Geist derselben, Masse und Frucht bleibt für die *Nachwelt*. Das Jahrhundert ist hinüber, da Italien unter Verwirrung, Unterdrückung, Meuterei und Betrug seine Sprache, Sitten, Poesie, Politik und Künste bildete – was gebildet wurde, hat sein Jahrhundert *überlebt*: würkte weiter und ward die erste Form Europens. Elend und Jammer, unter dem das Jahrhundert des französischen großen Königs seufzte, zum Teil vorüber: die Zwecke, zu denen er alles wollte und brauchte, vergessen oder stehn als Puppen der

Eitelkeit und Hohnlache müßig da: all seine eherne Meere, die er selbst trug, und die Wände, wo er immer selbst leibte, sind dem Gedanken jedwedes preisgegeben, der auch nicht dabei denken will, was Ludwig wollte – aber *Geist* der Künste, an ihnen geübt, ist blieben. Die Forschungen der Kraut- und Münz- und Edelstein- und Wasserwaage- und Messungsreisen bleiben, wenn alles verfallen ist, was daran teil hatt' und was dadurch litt und wozu es sollte! Die Zukunft streift uns unsre Schlaube ab und nimmt den Kern. Der kleine Zweig hat nichts davon, aber an ihm hangen die lieblichen *Früchte*.

Wie nun? wenn einst alle *das Licht*, das wir in die Welt säen, womit wir jetzt viel Augen blenden, viel elend machen und verfinstern, allenthalben gemäßigt *Lebenslicht* und *Lebenswärme* würde – die Masse von toten, aber hellen Kenntnissen, das Feld voll Beine, was auf, um und unter uns liegt, würde – woher? wozu? – *belebt* – *befruchtet* – welche neue Welt! wie glücklich, seiner Hände Werk in ihr genießen! Alles, bis auf Erfindungen, Ergötzlichkeiten, Not, Schicksal und Zufall, strebt uns über eine gewisse *gröbere Sinnlichkeit* voriger Zeitalter zu erheben, uns zu einer hohern Abstraktion im Denken, Wollen, Leben und Tun zu *entwöhnen* – für uns nicht immer annehmlich, oft misslich! Die Sinnlichkeit des Morgenlands, die schönere Sinnlichkeit Griechenlands, die Starke Roms hinüber: und wie elend trösten uns unsre leidige Abstraktionströster und Sentenzen, worin uns oft schon Beweggründe, Triebfedern und Glückseligkeiten bestehen müssen: das Kind wird auch von einer letzten Sinnlichkeit hart entwöhnet – aber siehe das höhere Zeitalter, was *vorwinkt*. Kein Tor kann's leugnen, wenn die feinen

Beweggründe, die höhere, himmlische Tugend, der abgezogenere Genuss irdischer Seligkeiten der menschlichen Natur möglich ist: äußerst erhebend und veredelnd ist sie! Vielleicht also, dass jetzt an dieser Klippe viele zugrundegehen! Vielleicht, und gewiss haben jetzt unendlich wenigere diese Fénelonsche Tugend, als jene Spartaner, Römer und Ritter die sinnliche Blüte ihres Welt- und Zeitgeists. – Die breiten Landstraßen werden immer *engere* Fußtritte und Steilhöhen, auf denen wenige wandeln können, – aber Höhen sind's und streben zum Gipfel! Welcher Zustand einmal auf dem krümmenden Schlangenwege der Vorsehung, wenn Haut und Hindernisse zurückgelassen, *verjüngtes* Geschöpf in neuem Frühlinge auflebet! – eine *unsinnlichere*, sich *gleichere* Menschheit! nun völlig Welt um sich, Lebenskraft und Prinzipium, nach dem wir nur mühsam *streben*, in sich habend – welche Schöpfung! und wer, der die Wahrscheinlichkeit und Möglichkeit davon zu leugnen hätte? *Verfeinerung* und *läuternder Fortgang* der Tugendbegriffe aus den sinnlichsten Kindeszeiten *hinauf* durch alle Geschichte ist offenbar: *Umherbreitung* und *Fortgang ins Weite* offenbar: und das alles ohne Zweck? ohne Absicht?

Dass sich die Begriffe von menschlicher Freiheit, Geselligkeit, Gleichheit und Allglückseligkeit aufklären und verbreiten, ist bekannt. Für uns nicht sogleich von den besten Folgen, oft dem ersten Anscheine nach, das Böse anfangs das Gute überwiegend: aber! –

Geselligkeit und *leichter Umgang* zwischen den Geschlechtern, hat er nicht die Ehre, Anständigkeit und Zucht beider Teile erniedrigt? für Stand, Geld und Artigkeit alle Schlösser der großen Welt aufgesprengt? die erste

Blüte des männlichen und die edelsten Früchte des weiblichen Geschlechts in Ehe- und Mutterliebe und Erziehung haben wie viel gelitten? ihr Schade sich wohin fortverbreitet? – Abgrund unersetzlicher Übel! da selbst die Quellen der Besserung und Genesung, Jugend, Lebenskraft und bessere Erziehung verstopft sind! Die schlankern, also leicht umherspielenden Äste können nicht anders als in ihrem zu früh und unkräftigen Lebensspiele mitten im Sonnenstrahle verdorren! Unersetzlicher Verlust! – vielleicht für alle Politik unabhelfbar! für alle Menschenliebe nicht gnug zu beklagen – aber für die Hand der Vorsehung noch Werkzeug. Wenn hundert arme Geschöpfe hier mit vertrocknetem Gaum um die erste Quelle des Lebens, der Geselligkeit und Freude hinsinken, lechzen und verschmachten – die Quelle selbst, an denen sie sich unglücklich täuschten, läutert! Siehe, wie sie in spätern Jahren, vielleicht auch übertrieben, nun andre Früchte der Ergötzlichkeit suchen, sich neue Welten idealisieren und mit ihrem Unheil die Welt bessern! Abgelebte Aspasien bilden Sokrate: Ignaz seine Jesuiten: die Epaminondas aller Zeit erzeugen sich Schlachten bei Leuktra: Helden, Philosophen, Weise und Mönche von so unsinnlicher, höherer Tugend, Aufstrebung und Verdienstlichkeit – wie viele bloß aus diesem Grunde! Wer zum Nutzen der Welt berechnen und wägen will, tu's! Er hat große Summe von meistens nicht ungewissen Ausschlags vor sich: der Gang der Vorsehung geht auch über Millionen Leichname zum Ziel!

Freiheit, Geselligkeit und Gleichheit, wie sie jetzt überall aufkeimen – sie haben in tausend Missbräuchen Übels gestiftet und werden's stiften. Wiedertäufer und Schwärmer verwüsteten Deutschland zu Luthers Zeiten, und jetzt, bei der allgemeinen Vermischung der Stände, bei dem Heraufdringen der Niedern an die Stelle welker, stolzer und unbrauchbarer Hohen, um in kurzem noch ärger als sie zu werden – die stärksten, notwendigsten Grundplätze der Menschheit werden leerer: die Masse verderbten Lebensafts tritt tief hinunter. Und wenn eine Vormundschaft dieses großen Körpers um eines zeitigen vermehrten Appetits oder eines scheinbaren Zusatzes von Kräften halber, zusieht, lobt und befördert – oder wenn sie auch aufs ärgste sich widersetzte: den Grund der »fortgehenden Verfeinerung und des Aufdringens zu Raisonnement, Üppigkeit, Freiheit und Frechheit« wird sie nimmermehr heben. Wie sehr das wahre, freiwillige Ansehen der Obrigkeit, Ältern und höchsten Stände in der Welt nur seit einem Jahrhunderte gefallen, ist bei einer kleinen Vergleichung unsäglich: auf zehnfache Weise tragen unsre kleine und große Große dazu weiterhin bei: Schranken und Schlagbäume niedergerissen: Vorurteile, wie es heißt, des Standes, der Erziehung und ja der Religion unter die Füße getreten und zu ihrem Schaden selbst verspottet: wir werden alle – durch einerlei Erziehung, Philosophie, Irreligion, Aufklärung, Laster, und endlich zur Zugabe, durch Unterdrückung, Blutdurst und unersättliche Habsucht, die schon die Gemüter weckt und zum Selbstgefühl bringt, werden wir alle – Heil uns! und nach vielen Unordnungen und Elende, Heil uns! was unsre Philosophie so rühmet und anstrebt, – Herr und Knecht, Vater und Kind, Jüngling und die fremdeste Jungfrau, wir alle werden Brüder. Die Herren weissagen wie Kaiphas, aber freilich zuerst auf eigenen Kopf oder das Haupt ihrer Kinder!

Wenn unsre »Menschenregierung« auch nichts mehr als

schöne Hülle gewonnen hätte: den guten Schein und Anschein, die Sprache, die Grundsätze und Gesinnungen und Ordnung, die jetzt jedes Buch und jeder junge Prinz, als ob er ein lebendiges Buch wäre, auf der Zunge führet – großer Fortgang. Versuche jemand, Machiavell und Antimachiavell zusammen zu lesen – Philosoph und Menschenfreund wird den letzten verehren, seine unberührten, mit Blumen und grünem Strauch bedeckte Moderstellen und unsondierte Wunden, wo man nicht auf den Grund kommen wollen und mögen, willig übersehen und sagen: welch ein Buch! welch ein Prinz, der wie das Buch dächte! nur eingestünde, anerkennte, wüsste, in beiläufigen Gesinnungen handelte, für Welt und Nachwelt, welch ein Prinz! Statt grober, unmenschlich grausamer Tollheit könnten freilich Krankheiten herrschen, die ebenso drückend und schädlicher sind, weil sie schleichen, gepriesen und nicht erkannt werden, und bis Mark und Bein in die Seele fressen. Das allgemeine Kleid von Philosophie und Menschenliebe kann Unterdrückungen verbergen, Eingriffe in die wahre, persönliche Menschen- und Landes-, Bürger- und Völkerfreiheit, wie Cäsar Borgia sie nur wünschte: alle das den angenommenen Grundsätzen des Jahrhunderts gemäß mit einem Anstande von Tugend, Weisheit, Menschenliebe und Völkervorsorge: da's also geschehen kann und fast muss Lobredner dieser Hüllen sein, als ob sie Taten wären, mag ich nicht: ohne Zweifel hätte auch Machiavell in unserm Jahrhunderte nicht geschrieben, wie er schrieb, und Cäsar in andern Beziehungen nicht handeln dürfen wie damals: im Grunde würde noch mit alle dem nichts als Kleid geändert. Aber auch nur dies geändert, ist Wohltat. Dass in unserm Jahrhunderte jeder, der wie Machiavell schriebe, gesteinigt würde – Doch ich nehme mein Wort zurück – wer für die Tugend ärger als Machiavell schreibt, er wird nicht gesteinigt – er schreibt philosophisch, witzig, französisch und, ja – ohne Religion. Also »wie Unser Einer!« Und – desavouiert ja seine Schriften! –

Ausgelassenheit zu denken, wenn's nur mit gewissen Konvenientien des Wohlstands geschieht (der wahre Wohlstand darf umso ferner sein!), auch selbst auf diesem giftigen, ausschweifenden Baume sprossen gute *Früchte*! Glaubt ihr nicht, dass dieser Sinn und Unsinn, den man jetzt gegen die Religion so ungescheuet saget, einst vortreffliche Würkungen haben werde? Von Erläuterungen, Rechtfertigungen und Beweisen der Religion abstrahiert, die oft nicht viel beweisen, ich weiß nicht, welcher große Mann ein nächstes Jahrhundert des Aberglaubens prophezeite, weil das unsre sich in so dummen Unglauben erschöpfte. – Aber wie's auch laufe, (und es wäre schlimm, wenn nur Aberglaube wieder den Unglauben abwechseln könnte und der ewige elende Kreislauf nicht weiterbrächte!), *Religion*, *Vernunft* und *Tugend* müssen durch die tollesten Angriffe ihrer Gegner unfehlbar einmal *gewinnen*! – Der Witz, die Philosophie, die Freiheit zu denken, war gewiss zu diesem neuen Throne nur wider Wissen und Willen Gerüst: plötzlich einmal die Wolke zerteilet, und wenn sie denn da stehn, wird in voller Glorie die allleuchtende Sonne der Welt. –

Auch der große *Umfang* und die *Allgemeinheit*, in der das alles läuft, sehen wir, kann darzu offenbar ein unbekanntes Gerüste werden. Je mehr wir Europäer Mittel und Werkzeuge erfinden, euch andern Weltteile zu unterjochen, zu betrügen und zu plündern – vielleicht ist's einst eben an euch, zu triumphieren! Wir schlagen Ketten an, womit ihr uns ziehen werdet: die umgekehrte Pyramiden[d] unsrer Verfassungen werden auf eurem Boden aufrecht kommen, ihr mit uns. – Gnug, sichtbarlich geht alles ins Große! Wir umfassen, womit es sei, den Kreis der Erde, und was darauf folgt, kann wahrscheinlich nie mehr seine Grundlage schmälern! wir nahen uns einem neuen Auftritte, wenn auch freilich bloß durch Verwesung! –

Eben, dass sich unsre Denkart in Gutem und Bösem verfeinet, und sich eben damit unsre stärkere, sinnlichere Grundsätze und Triebfedern abreiben, ohne dass der größere Haufe etwas dagegen noch bisher an die Stelle zu setzen Lust oder Kraft hätte: wohin muss uns dies bringen? Die sinnlichen, starken Bande der alten Republiken und Zeitalter sind längst (und es ist Triumph unsrer Zeit!) aufgelöst: an den feinern Banden unsrer Zeit nagt alles: Philosophie, Freigeisterei, Üppigkeit und eine Erziehung zu diesem allen von Gliede zu Gliede, tiefer und weiter verbreitet. – Die meisten unsrer politischen Triebfedern muss sogar schon die ruhige Weisheit verdammen oder verachten, und der Streit zwischen dem Christentume und der Weltart ist ein wie alter Vorwurf und Skrupel zu beiden Seiten! Da sich also Schwäche in nichts als Schwäche endigen, und eine überstrengte Anziehung und Missbrauch des letzten geduldigen Wurfs der Kräfte nichts als jenen völligen Hinwurf beschleunigen kann – doch es ist nicht mein Amt weissagen!

d Ritter *Temple* verglich eine gewisse Regierungsform mit dem Bilde!

Noch minder weissagen, »was allein Ersatz und Quelle neuer Lebenskräfte auf einem so erweiterten Schauplatze sein könne, werde und fast sein müsse? woher neuer Geist alle das Licht und die Menschengesinnung, auf die wir arbeiten, zu der Wärme, zu der Bestandheit, und zu der Allglückseligkeit bringen könne und werde?« Ohne Zweifel rede ich noch von *fernen* Zeiten!

Lasset uns, meine Brüder, mit mutigem, fröhlichem Herzen auch *mitten unter der Wolke* arbeiten: denn wir arbeiten zu *einer großen Zukunft*.

Und lasset uns unser Ziel so rein, so hell, so schlackenfrei annehmen, als wir's können: denn wir laufen in *Irrlicht* und *Dämmerung* und *Nebel*.

*

Wenn ich da Taten sehe, oder vielmehr schweigende Merkmale von Taten ahnde aus einem Geiste, der für die Hülle seiner Zeit zu *groß*, und für ihr Lobgeschrei zu *still* und blöde dahingeht und im Finstern säet? Samenkörner, die wie alle Gotteswerke und Schöpfungen vom *kleinen* Keim anfangen, denen man's aber beim ersten kleinen Sprösslein so lieblich ansiehet und anreucht, dass sie *Schöpfung Gottes im Verborgenen* sein werden – und wären's Anlagen in Sonderheit zur edelsten Pflanze der *Menschheit, Bildung, Erziehung*, Stärkung der Natur in ihren bedürftigsten Nerven, *Menschenliebe, Sympathie* und *Brüderglückseligkeit* – heilige Pflanzen, wer ist unter euch gewandelt, dass ihn nicht ein Schauer *besserer Zukunft* ergriffe und er euren Urheber, klein und groß, König und Knecht, nicht im stillsten

Abend-, Morgen- und Mitternachtopfer segne. Alle bloß körperliche und politische Zwecke zerfallen, wie Scherb und Leichnam: die *Seele!* der *Geist! Inhalt* fürs *Ganze der Menschheit* – der bleibt: und wohl, wem da aus der reinen, untrübbaren Lebensquelle viel ward! –

*

Es ist fast unvermeidlich, dass eben das Höhere, Weitverbreitete unsers Jahrhunderts auch Zweideutigkeiten der besten und schlimmsten Handlungen geben muss, die bei engern, tiefern Sphären wegfielen. Eben dass niemand fast mehr weiß, wozu er würkt: das Ganze ist ein Meer, wo Wellen und Wogen, die wohin? aber wie gewaltsam! rauschen – weiß ich, wohin ich mit meiner *kleinen Woge* komme? – Nicht bloß Feind und Verleumder wird die Beginnen des würksamsten besten Mannes oft in ein zweifelhaftes Licht stellen können; vielleicht wird selbst dem warmen Bewunderer in kältern Stunden auch *Nebel* und *Doppellicht* erscheinen. Alle Radien sind schon dem Mittelpunkte so *fern* – laufen alle, *wohin?* und *wenn* werden sie dahin kommen?

Man weiß, was man allen *Reformatoren* aller Zeiten vorgeworfen, dass, wenn sie einen *neuen* Schritt taten, sie auch immer hinter sich Lücken ließen, *vor sich* Staub und Erschütterung machten und *unter sich* Unschuldiges zertraten. Die Reformatoren der letzten Jahrhunderte trifft das sichtlicher und doppelt. Luther! Gustav Adolf! Peter der Große! Welche drei haben in den neueren Zeiten mehr verändert? edleren Sinnes geändert? – und sind ihre, zumal *unvorhergesehene* Folgen, allemal zugleich unwidersprüchliche *Zunahmen* des Glücks ihrer Nachkommen gewesen? Wer die *spätere* Geschichte kennt, wird er nicht manchmal sehr zweifeln?

Ein Monarch, dessen Namen unsre Zeit mehr trägt und zu tragen verdient, als das Zeitalter Ludwigs

– den uns
sein Jahrhundert mit aufbewahrt!

welche *neue Schöpfung Europas* hat er von seinem Flecke her in dreißig kurzen Jahren bewürkt! – In Kriegs- und Regierungskunst, in Behandlung der Religion und Einrichtung der Gesetze, als Apollo der Musen und als Privatmann unter der Krone – dem allgemeinen Scheine nach das Muster der Monarchien – welch ein *Gutes* gestiftet! Aufklärung, philosophischen Geist und Mäßigung vom Throne ringsum verbreitet! orientalischen, dummen Pracht, Schwelgerei und Luxus, der vormals oft das einzige Goldgehege der Höfe war, wie erschrecklich zertrümmert und verjaget! Fette Unwissenheit, blinden Eifer und Aberglauben überall wie tief verwundet! Sparsamkeit und Ordnung, Regelmäßigkeit und Fleiß, schöne Künste und einen sogenannten Geschmack frei zu denken – wie hoch erhoben! – Das Jahrhundert trägt sein Bild wie seine Uniform: Jahrhundert ohne Zweifel die größte Lobrede seines Namens. – Indes wird auch eben die Münze, das Brustbild weggekehrt und das bloße Resultat seiner Schöpfung als Menschenfreund und Philosoph betrachtet, ohne Zweifel einmal *etwas mehr* und *anders* zeigen! Zeigen vielleicht, wie durch ein natürlich Gesetz der Unvollkommenheit menschlicher Handlungen mit der Aufklärung – auch ebenso viel luxurierende Mattigkeit des Herzens, – mit Sparsamkeit, ihr Zeichen und Gefolge Armut, mit Philosophie, blinder, kurzsichtiger Unglaube, mit Freiheit zu denken, immer Sklaverei zu handeln, Despotismus der Seelen unter Blumenketten, – mit dem großen Helden, Eroberer und Kriegsgeist, Erstorbenheit, Römerverfassung, wie da Armeen alles waren, Verfall und Elend sich habe verbreiten müssen! Zeigen, was Menschenliebe, Gerechtigkeit, Mäßigkeit, Religion, Wohl der Untertanen – alle bis auf einen gewissen Grad als Mittel zum Erreichen behandelt – was alle das auf seine Zeit – auf Reiche ganz andrer Verfassung und Ordnung – auf Welt und Nachwelt für Folgen haben müssen – Die Waage wird schweben? steigen – sinken – welche Schale? was weiß ich? –

»Der Schriftsteller von hundert Jahren«[e], der ohne Zank und Widerspruch wie ein Monarch auf sein Jahrhundert gewürkt hat – von Lissabon bis Kamtschatka, von Zembla bis in die Kolonien von Indien gelesen, gelernt, bewundert, und was noch mehr ist, befolgt – mit seiner Sprache, mit seinen hundertfachen Talenten der Einkleidung, mit seiner Leichtigkeit, mit seinem Schwunge von Ideen auf lauter Blumen – am allermeisten dadurch, dass er auf der glücklichen Stelle geboren wurde, die Welt zu nützen, Vorgänger und Nebenbuhler zu nützen, Gelegenheiten, Anlässe, zumal Vorurteile und Lieblingsschwächen seiner Zeit, zumal ja die nutzbarsten Schwächen der schönsten Bräute seiner Zeit, der Regenten in ganz Europa zu nützen – dieser große Schriftsteller, was hat er nicht ohne Zweifel

e *Voltaire.*

auch zum Besten des Jahrhunderts getan! *Licht* verbreitet, sogenannte Philosophie der Menschheit, *Toleranz*, Leichtigkeit im *Selbstdenken*, Schimmer der *Tugend* in hundert liebenswürdigen Gestalten, verdünnte und versüßte kleine menschliche Neigungen – als Schriftsteller ohne Zweifel auf der größten Höhe des Jahrhunderts! – Aber nun zugleich damit, was für elenden *Leichtsinn*, *Schwäche*, *Ungewissheit* und *Kälte*! was für Seichtigkeit, Planlosigkeit, Skeptizismus an Tugend, Glück und Verdienst! – was mit seinem Witze weggelacht, ohne es zum Teil weglachen zu wollen! – sanfte, angenehme und notwendige Bande mit frevelnder Hand aufgelöset, ohne uns, die wir nicht alle au Château de Fernay residieren, das mindeste an die Stelle zu geben? Und durch welche Mittel und Wege hat er selbst sein Bestes erlangt? wem er uns mit alle der Philosophie und *Schönliebhaberei* der Denkart ohne Moral und *feste menschliche Empfindung* denn in die Hände liefere? – man kennet die große Kabale gegen und für ihn, weiß, wie anders Rousseau predige? Vielleicht gut, dass beide predigen, weit voneinander und in manchem beide einander aufhebend – oft das Ende menschlichen Beginnens, die Linien heben sich auf, aber ihr letzter Punkt steht weiter! – –

Kein großer Geist, durch den das Schicksal *Veränderung* bewürkt, kann freilich mit allem, was er denkt und fühlt, nach der Gemeinregel jeder mittelmäßigen Seele gemessen werden. Es gibt *Ausnahmen* höherer Gattung, und meist alles Merkwürdige der Welt geschieht durch diese Ausnahmen. Die graden Linien gehen nur immer gerade fort, würden alles auf der Stelle lassen! wenn nicht die Gottheit auch *außerordentliche Menschen*, Kometen in die Sphären der ruhigen Sonnenbahn würfe, fallen und im tiefsten Falle sich wieder erheben ließe, wohin kein Auge der Erde sie verfolget. Auch tut's nur Gott oder unter Menschen ein Tor, dass er jede fernste moralische oder unmoralische Zwischenfolge einer Handlung auf die Rechnung des Verdienstes und der ersten Absicht des Handelnden setzet! Wer fände sonst in allem in der Welt mehr Ankläger als der erste und einzige Handler, der Schöpfer! – Aber, meine Brüder, lasset uns ja die Pole nicht verlassen, um die sich alles dreht, Wahrheit, Bewusstsein des Wohlwollens, Glückseligkeit der Menschheit! lasst uns am allermeisten auf der größten Höhe des Meers, auf welcher wir jetzt schweben, in Irr- und Nebellichte, das vielleicht ärger ist als völlige Nacht, lasset uns da fleißig nach diesen Sternen, den Punkten aller Richtung, Sicherheit und Ruhe hinsehen, und denn mit Treue und Emsigkeit unsern Lauf steuren.

Groß muss das Ganze sein, wo in jeder Einzelheit schon so ein Ganzes erscheint! in jeder Einzelheit aber nur auch immer so ein unbestimmtes Eins, allein aufs Ganze, sich offenbaret! Wo kleine Verbindungen schon großen Sinn geben und doch Jahrhunderte nur Silben, Nationen nur Buchstaben und vielleicht Interpunktionen sind, die an sich nichts, zum leichtem Sinne des Ganzen aber so viel bedeuten! Was, o einzelner Mensch, mit deinen Neigungen, Fähigkeiten und Beitrage bist du? – und willt, dass sich an dir allseitig die Vollkommenheit erschöpfe? –

Eben die Eingeschränktheit meines Erdpunktes, die Blendung meiner Blicke, das Fehlschlagen meiner Zwecke, das Rätsel meiner Neigungen und Begierden, das *Unterliegen* meiner Kräfte nur auf das Ganze eines Tages, eines Jahrs, einer Nation, eines Jahrhunderts – eben das ist mir Bürge, dass ich nichts, das *Ganze* aber *alles* sei! Was für ein Werk, zu dem so viele Schattengruppen von Nationen und Zeiten, Kolossenfiguren fast ohne Gesichtspunkt und Ansicht, so viel blinde Werkzeuge gehören, die alle im *Wahne des Freien* handeln und doch nicht wissen, *was?* oder *wozu?* die nichts übersehen und doch so eifrig mithandeln, als wäre ihr Ameisenhaufe das Weltall – was für ein Werk, dies *Ganze!* Bei der kleinsten Spanne, die wir davon übersehen, so viel *Ordnung* und so viel *Wirrung, Knote* und *Anlage zur Auflösung* – beides eben für die überschwängliche Herrlichkeit im Allgemeinen, Sicherheit und Gewährleistung. Elend klein müsste es sein, wenn ich, *Fliege*, es übersehen könnte! wie wenige Weisheit und Mannigfaltigkeit, wenn ein durch die Welt *Taumelnder*, der so viel Mühe hat, nur *einen* Gedanken festzuhalten, nie eine Verwickelung fände? – In einer Spanne, die nichts ist und wo doch tausend Gedanken und Samenkörner *zugleich* streben: in einem halben Zeitmaß der Tonkunst von zwei Schlägen, wo sich aber eben vielleicht die schwersten Töne zur süßesten *Auflösung* wickeln – wer bin ich, dass ich urteile, da ich eben nur den großen Saal *quer* durchgehe und einen Seitenwinkel des großen *verdeckten Gemäldes* im dunkelsten Schimmer beäuge? Was Sokrates zu den Schriften eines Menschen sagte, der eingeschränkt wie er mit ihm in *einem* Maße der Kräfte schrieb – was soll ich zu dem *großen Buche Gottes* sagen, das über Welten und Zeiten gehet! von dem ich kaum eine Letter bin, kaum drei Lettern um mich sehe. – –

Unendlich *klein* für den Stolz, der *alles* sein, wissen, würken und bilden will! unendlich groß für die Kleinmut, die sich nichts zu sein getrauet – beide nichts als *einzelne Werkzeuge* im Plane einer *unermesslichen Vorsehung*!

Und wenn uns einst ein *Standpunkt* würde, das Ganze nur unsres Geschlechts zu übersehen! wohin die Kette zwischen Völkern und Erdstrichen, die sich erst so langsam zog, denn mit so vielem Geklirr Nationen durchschlang und endlich mit sanfterm aber strengerm Zusammenziehen diese Nationen *binden* und wohin? *leiten* sollte – wohin die Kette reicht? wir sehen die reife *Ernte* der Samenkörner, die wir aus einem *blinden Siebe* unter die Völker verstreut, so sonderbar keimen, so *verschiedenartig* blühen, so zweideutige Hoffnungen der Frucht geben, sahen – wir haben's selbst zu kosten, was der *Sauerteig*, der so lang, so trüb und unschmackhaft gärte, endlich für Wohlgeschmack hervorbrachte zur *allgemeinen Bildung der Menschheit* – Fragment des Lebens, was warest du? –

– quanta sub nocte iacebat
Nostra dies!

Wohl aber, wen sein Lebensfragment auch alsdann nicht gereuet!

Βλεπομεν γαρ αρτι δι' εσοπτρου εν αινιγματι τοτε δε προσωπον προς προσωπον αρτι γινωϰω εϰ μερους, τοτε δε επιγνωσομαι, ϰαϑως ϰαι επεγνωσϑην. Νυνι δε μενει πιστις, ελπις, αγαπη, τα τρια ταυτα. μειςων δε τουτων η αγαπη.

Anhang

Zu dieser Ausgabe

Über die Entstehungsgeschichte der anonym und ohne Angabe des Ortes erschienenen Schrift haben Reinhold Steig und Bernhard Suphan im »Vorbericht« zum 5. Band der Ausgabe von *Herders Sämtlichen Werken* ausführlich und – soweit sich das aus heutiger Überlieferungslage sagen lässt – exakt berichtet (SWS 5,XXVI f.). Im Anhang gibt Reinhold Steig, der für die Redaktion dieser Schrift verantwortlich zeichnet (SWS 5,IX), eine Auswahl aus der handschriftlichen Überlieferung. Den Entwurf zum Ganzen der geplanten Schrift jedoch, dessen Verhältnis zu den übrigen Stücken der Überlieferung schwer zu bestimmen ist, die in jedem Fall aber einer genaueren philologischen Untersuchung bedarf, hat Steig nicht berücksichtigt. Er wurde vom Bearbeiter der vorliegenden Ausgabe zum ersten Mal veröffentlicht (1987; vgl. die Bibliographie).

Der Ausgabe liegt der Text der Erstausgabe zugrunde. Verglichen wurden die Ausgaben von Düntzer und Suphan, aber auch die handschriftliche Fassung, die dem Druckmanuskript vorausging (SWS 5, XXVI; HN II,40). Die zahlreichen Druckfehler, die schon Herder bemerkt hatte (SWS 5,594), wurden ebenso wie die fremdsprachigen Zitate stillschweigend verbessert. Nur die den Sinn betreffenden Veränderungen des Wortlauts erscheinen in der nachfolgenden Übersicht. Unter Beibehaltung des Lautstandes wurden Orthographie und Interpunktion behutsam modernisiert. Ergänzungen des Herausgebers wurden durch [ ] gekennzeichnet.

Ein besonderes Problem stellen die überaus zahlreichen Hervorhebungen durch Sperrung oder Anführungszeichen dar. Die Redaktion α ist nahezu frei davon. Da das vermutlich von fremder Hand hergestellte Druckmanuskript (SWS 7,XIV f.) nicht mehr vorliegt, lässt sich nicht entscheiden, welche der Hervorhebungen wirklich Herders – rhetorischen – Intentionen entsprechen. Ein einheitliches Prinzip ließ sich nicht entdecken. Da eine lückenlose Reproduktion dieser Kennzeichnungen die (visuelle) Lesbarkeit erheblich beeinträchtigt, hat sich der Herausgeber entschlossen, nur die – nach seinem Verständnis – *sachlich* notwendigen Hervorhebungen wiederzugeben. Er glaubt damit auch im Sinne Herders zu verfahren (vgl. über »Lenkung und Bindung der Wörter« in der 3. Sammlung der *Fragmente*; SWS 1,395).

8,21 Fertigkeiten] *von S nach α im Hinblick auf 39,8 verbessert aus* Fähigkeiten
9,13 konnte] *fehlt in A, Konjektur S*
10,28 f. Geschöpfe verteilt, der in jedem Geschöpfe] Geschöpfe verteilt, in jedem Geschöpfe *D (»die Verbesserung finde ich handschriftlich in einem aus Wielands Bibliothek stammenden Exemplare «). D sagt nicht, ob diese Verbesserung von Herder selbst stammt*
11,13 für sich allein] für die Seinigen *S*
11,20 die er erzieht] den er erzieht *A*
13,11 denen] dem A
25,18 Niedliches] niedliches Spiel S, niedliches Treiben *D*
26,3 Völkerläufer] Völkerkäufer *A. Konjektur S nach α*
27,2 Kräfte] die unsre Kräfte S, *ergänzt aus α*
27,9 die] da *A. Konjektur S nach α*
40,18 verkennen] vergleichen *A. Konjektur S nach α*
45,8 Wörter] Werke, Sachen, Fakta? *Vorschlag S*
47,15 sich] *fehlt in A, Konjektur S*
71,23 f. gedanken-, kraft-, willenlose] Gedankenkraft–Willenlose *A. Konjektur S nach α*
72,3 f. Freiheit-, Stände-, Eigentumsform] Freiheitstände: Eigentumsform *A. Konjektur S nach α*
72,12 ist's] ist?
72,13 f. aber nur ruhen] *das in A von Herder beigefügte Druckfehlerverzeichnis verlangt Streichung von* aber nur. *Dem folgt D, nicht dagegen S, der den kurzen Satz als Frage versteht, der in Zeile 15 f. die Antwort folgt:* auf Trommeln, Fahnen, Kugeln und immerfertigen Soldatenmützen. *In α lautet dieser Satz:* der Fürstenhut und die Landeshoheit der neuern Jahrhunderte ruht auf Kugeln und fertigen Soldatenmützen.
80,4 angemessen] aufgenommen *A. Konjektur nach α*
80,9 jeder] jeden *A. Konjektur nach α*
83,18 haben] *fehlt in A. Konjektur nach S*
87,19 Maschine] Maschinen *A*

94,4 Wipfeln] Wipfel *A*
96,27 solche] solcher *A*
99,21 jeder jeder] jedem jeder *A*
112,14 A r z t] *in A nicht hervorgehoben*
114,11 f. V a t e r, M u t t e r] *in A nicht hervorgehoben*
114,20 dir] *so das Druckfehlerverzeichnis zu* A, *wo* da *steht. S hält an der ursprünglichen Lesung fest*
116,20 Masse] *so* A. Maße *liest* S
119,26 Ausschlags] Ausschlage S
125,13 die] *Druckfehler?*

Verzeichnis der Siglen

α Die vorletzte, nur handschriftlich überlieferte Fassung, insgesamt die vierte Redaktion (HN II,40).

A Die letzte Fassung, die nur in Gestalt des Erstdrucks von 1774 vorliegt.

SWS Johann Gottfried von Herder. Sämmtliche Werke. Hrsg. von Bernhard Suphan. 33 Bde. Berlin 1877–1913.

D Herders Werke. Nach den besten Quellen revidierte Ausgabe. Hrsg. und mit Anm. begleitet von Heinrich Düntzer. Tl. 21: Kleine Schriften aus der Vorweimarer Zeit. Berlin [1879].

S Johann Gottfried von Herder: Sämmtliche Werke. Hrsg. von Bernhard Suphan. Bd. 5. Hrsg. von B. S. und Reinhold Steig. Berlin 1891.

G Herder. Werke. Hrsg. von Karl Gustav Gerold. Bd. 2. München 1953.

HN Der handschriftliche Nachlaß Johann Gottfried Herders. Katalog. Im Auftrag und mit Unterstützung der Akademie der Wissenschaften in Göttingen bearb. von Hans Dietrich Irmscher und Emil Adler. Wiesbaden 1979.

Anmerkungen

Neben den Kommentaren von Düntzer und Suphan wurden auch die Erläuterungen in den Werkausgaben von Gerold, Otto und Proß verglichen. Häufig zitiert werden Demandt, das *Historische Wörterbuch der Philosophie* und die von Suphan herausgegebenen *Sämtlichen Werke.*

5 [Faksimile des Titelblatts der Erstausgabe von 1774] *Ταρασσει* ... δογματα: Epiktet, *Enchiridion* 5: Nicht die Dinge selbst, sondern die Meinungen über dieselben beunruhigen die Menschen. – Von Herder auch in der Anmerkung auf S. 86 zitiert. – Vgl. auch das Motto zu Laurence Sterne, *The Life and Opinions of Tristram Shandy*, London 1759–67.

7,7 *Ursprung:* vgl. *Ideen zur Philosophie der Geschichte der Menschheit*, 10. Buch, 1785 (SWS 13,396 ff.); *Versuch einer Geschichte der lyrischen Dichtkunst*, 1766 (SWS 32,85 ff.); *Abhandlung über den Ursprung der Sprache*, 1772 (SWS 5,127 f.); *Älteste Urkunde des Menschengeschlechts*, 4. Teil, 1776 (SWS 7,1 ff.).

7,20 *Entwickelungen:* Die Metaphorik der folgenden Zeilen zeigt Herders Orientierung an den biologischen Theorien des 17. und frühen 18. Jh.s, wobei er eine Entscheidung zwischen der Präformationstheorie (das Lebewesen ist bereits im Keim der Struktur nach fertig gebildet; Jan Swammerdam) und der Lehre von der Entwicklung als zunehmender Differenzierung amorpher Materie (Epigenese; John Turberville Needham, Kaspar Friedrich Wolff u. a.) vermeidet.

7,24 *Philosophen:* zur Kritik an der philosophischen Heuristik, vgl. *Versuch einer Geschichte der lyrischen Dichtkunst*, 1766 (SWS 32,102 ff.).

7, nach 26 *Neueste ... Asien:* An welche Werke (oder welches Werk?) Herder denkt, ließ sich nicht ermitteln. Möglicherweise handelt es sich nur um einen pauschalen Hinweis auf verschiedene einschlägige Werke.

8,1 *das älteste Buch:* 1. Buch Mose.

8,6 *Maulwurfsauge:* vgl. Herders Kritik an der Verabsolutierung von Licht und Sehen in seinem ›aufgeklärten‹ Zeitalter: *Studien zur Plastik* (SWS 8,94 ff.).

8,12 *Wir laufen ...:* Diese Zeitkritik ist fundiert in Herders Selbsterfahrung und Selbstkritik: *Journal meiner Reise im Jahr 1769* (SWS 4,438 ff., 446 f.) und *Auch eine Philosophie ...*, S. 100–104.

8,19 *Nachtwache – Geschwätz:* vgl. Psalmen 90,4–9.

10,10 *Voltaire:* Anspielung auf die *Introduction* zu Voltaires *Essai sur les mœurs et l'esprit des nations et sur les principaux faits de l'histoire depuis Charlemagne jusqu'à Louis* XIII, Paris 1753–56. Die *Introduction* erschien 1765 in Amsterdam unter dem Titel *La philosophie de l'histoire.*

11,31 *tausendjährigen Reiche:* vgl. Offbarung 20,2–8.; A. Demandt, *Metaphern für Geschichte*, S. 148 ff.

12, nach 24 *Boulanger* [Fußn. b]: Nicolas Antoine Boulanger, *Recherches sur l'origine du despotisme oriental*, Paris 1761 und *L'antiquité devoilée par ses usages ou examen critique des principales, opinions, cérémonies et institutions religieuses et politiques des différentes peuples de la terre*, Amsterdam 1766. Vgl. Herders Auszug aus dieser Schrift (SWS 32,153 ff.). – *Voltaire* [Fußn. b]*: La philosophie de l'histoire*, Amsterdam 1765 (Anm. zu 10,10) und *Traité sur la tolerance à l'occasion de la mort de Jean Calas*, Paris 1763. – *Helvet.* [Fußn. b]*:* Claude-Adrien Helvetius, *De l'esprit*, Amsterdam 1758, Tl. 3, Kap. XVII bis XXI. – *Montesquieus Scharen* [Fußn. c]*:* Charles Louis de Secordat de Montesquieu, *De l'esprit des lois, ou du rapport que les lois doivent avoir avec la constitution de chaque gouvernement, les mœurs, le climat, la religion, le commerce etc.*, Genf 1748: »La crainte« (›die Furcht‹) als Merkmal der despotischen Regierungsform (Buch III, Kap. IX). – *imitatorum* [Fußn. c]*:* »imitatorum servum pecus« (›das Herdenvieh der Nachahmer‹); vgl. Horaz, *Epistulae* I,19,19. *p.:* lat. *perge* [Fußn. c]: ›etc.‹

13,4 *Vorurteile:* Für den Rationalismus des 18. Jh.s ist – wie schon für Plato – das Vorurteil, die ungeprüfte Meinung (δόξα), ein Hindernis, allenfalls eine Vorstufe der Erkenntnis, die durch Aufklärung »aufgehoben« werden kann (im Sinne Hegels). Herder dagegen versteht das Vorurteil im positiven Sinn als eine durch die Autorität der Tradition begründete besondere Art der Erkenntnis. Vgl. Gerhard Sauder, »Aufklärung des Vorurteils – Vorurteile der Aufklärung«, in: *Deutsche Vierteljahrsschrift für Literaturwissenschaft und Geistesgeschichte* 57 (1983) S. 259–277 und Hans-Georg Gadamer, *Wahrheit und Methode. Grundzüge zu einer philosophischen Hermeneutik*, Tübingen [2]1965, 261 ff.

13,6 *Barbara celarent:* Barbara, Celarent, Darii, Ferio, Baralipton. Merkvers für die Schlussfiguren der klassischen Logik. Hier: Vorurteile, nicht an den Verfahren der Schullogik gemessen.

13,7 *des Naturrechts:* Der Gedanke des mit der menschlichen Natur (Vernunft = lumen naturale) selber gegebenen, von historischen und gesellschaftlichen Bedingungen unabhängigen Rechts wurde vor allem von Hugo Grotius (1583–1645) und Samuel Freiherr von Pufendorf (1632–94) entwickelt. Er war einer der wichtigsten Voraussetzungen der Französischen Revolution. Herder stellt ihm – wie Justus Möser – die Idee des positiven, durch Tradition beglaubigten Rechts entgegen.

13,17 *Kindheit:* Die traditionsreiche »Analogie [...] von menschlichen Lebensaltern« (19,18 f.) ist das am häufigsten von Herder in seiner Geschichtsphilosophie verwendete Denkmodell: *Fragmente* (SWS 1,151 ff.).

13,27 *Schlaube:* (niederdt.) Schale, Hülle. Zum Verhältnis von veränderlicher »Schlaube« und identischem »Kern« vgl. Herders Aufsatz *Shakespear* (SWS 5,209).

15,15 f. *lebt' und webte:* vgl. Apostelgeschichte 17,28.

15, nach 28 *Montesq.* [Fußn. d]: zu Montesquieu vgl. Anm. zu 12, nach 24. Die Überschriften der von Herder zitierten Bücher 24 und 25 von Montesquieus Werk lauten: »Des lois dans le rapport qu'elles ont avec la religion établie dans chaque pays, considerée dans ses pratiques et en elle-même« und »Des lois dans le rapport qu'elles ont avec l'établissement de la religion de chaque pays et sa police extérieure«. – *Voltaire* [Fußn. c]: vgl. Anm. zu 12, nach 24.

16,8 *Boten Gottes:* Engel, hier aber auch »Vater, König« (15,20).

16,10 *Geist der Zeit:* nach dem *Deutschen Wörterbuch* zuerst von Hamann und Herder verwendet. »Geist« ist im Verständnis Herders, in dessen Denken sich antike und christliche Vorstellungen verbinden, sowohl Dämon oder Genius als auch Schöpfergeist (creator Spiritus), individuelles Kraftzentrum eines Phänomens.

16,13 f. *Der Mensch staunt alles an ...:* vgl. Herders Ausführungen über den Ursprung der Poesie im *Versuch einer Geschichte der lyrischen Dichtkunst* (SWS 32,105 ff.) und das *Journal meiner Reise im Jahr 1769* (SWS 4,438 ff.) sowie David Hume, *The Natural History of Religion*, London 1757, Kap. 1–3, und Herders Auszug aus dieser Schrift (SWS 32,193 ff.).

16,30 *Glaube, Liebe und Hoffnung:* vgl. 1. Korinther 13,13.

17,3 *Vehikulum:* (lat.) Fahrzeug; im übertragenen Sinne: Mittel. Vgl. Herders Begriff des Mittels, das zugleich Selbstzweck ist (99,28).

17,11 *einem Kinde:* Anspielung auf die pädagogische Theorie in Jean Jacques Rousseaus *Emile ou De l'éducation*, Den Haag / Amsterdam 1762.

17,12 *Deismus:* nach Herbert von Cherbury (1583–1648) von zahlreichen anderen Denkern der Aufklärung vertretene philosophische Lehre von Gott, der mit der Erschaffung der Welt seiner Schöpfung die Gesetze gegeben hat, nach denen sie fortan ohne seine Beihilfe sich selbst erhält.

17,22 *Scheidewasser:* Salpetersäure. Sie greift Silber an, aber nicht Gold, wurde daher noch im 18. Jh. verwendet, um die Echtheit von Münzen und Schmuckstücken aus Gold zu prüfen.

18,8 *Oxus:* lateinischer Name für den in Afghanistan entspringenden Fluss Amudarja.

18,16 *Genese ... Metamorphose:* Entstehung/Gestaltwandel; Begriffe, in denen sich Herders morphologische Geschichtsbetrachtung bezeugt.

19,1 *Industrie:* handwerkliche Produktion aufgrund geregelter Fertigkeiten (»Künste«, 19,6).

19,15 *Flügelkleide:* Flügelkleid: leichtes, jugendliches Gewand mit hängenden Ärmeln, vor allem im 18. Jh. gebräuchlich.

19,18 *Analogie:* vgl. Anm. zu 13,17.

19,22 *Erdehaltung und Ackerleim:* Erdverbundenheit und Ackerlehm (von mhd. »Leim« für Lehm, Ton, Erde).

20,3 *das Weib schon Person:* vgl. dazu Herders Rezension der deutschen Übersetzung von John Millars *Observations Concerning the Distinctions of Ranks in Society*, 1771 (dt.: Leipzig 1772), in den *Frankfurter Gelehrten Anzeigen* (SWS 5,452 ff.).

21,13 *Sina:* China.

21,26 *Vehikulum:* vgl. 17,10–15.

21,30 *Schlaube:* vgl. Anm. zu 13,27.

22, nach 27 *Shaftesbury:* Anthony Ashley Cooper, 3rd Earl of Shaftesbury, *Characteristicks of Men, Manners, Opinions, Times*, London 1711, Treatise VI, Misc. I, Chap. III: »Of the Letter concerning Enthusiasm«; Misc. II, Chap. I: »Review of Enthusiasm«; Chap. II: »Judgment of Divines and grave Authors concerning Enthusiasm«, S. 17–94. – *Kircher, d'Origny, Blackwell* [Fußnote g]: Athanasius Kircher, *Lingua aegyptica restituta*, Rom 1643; *Oedipus aegyptiacus*, Rom 1652–55. – Pierre Adam d'Origny, *L'Egypte ancienne*, Paris 1762. – Thomas Blackwell, *An Enquiry into the Life and Writings of Homer*, London 1735.

22,11 *Deismus:* vgl. Anm. zu 17,12.

22,16 *Privation:* von lat. *privatio* ›Ermangelung‹.

23,5 *Winckelmann:* vgl. Herders Kritik an Winckelmanns »unhistorischer« Behandlung der ägyptischen Kunst und seiner historiographischen Methode überhaupt in der 2. Auflage der *Fragmente* II (SWS 2,120 ff.), im *Älteren Kritischen Wäldchen* (SWS 4,214 ff.) und in seinem *Denkmal Johann Winckelmanns* (SWS 8,465 ff.).

23,10 *Webb:* Daniel Webb, *Observations on the Correspondence between Poetry and Music*, Dublin 1769; vgl. Herders Rezension dieser Schrift in Nicolais *Allgemeiner Deutscher Bibliothek* von 1772 (SWS 5,309 ff.).

23,14 *Griechenland:* Über die Betrachtung der ältesten Geschichte der Menschheit aus der Perspektive ihrer Rezeption durch die Griechen vgl. *Fragmente* II (SWS 1).

23, nach 28 *Wood, Webb, Winckelmann, Newton, Voltaire:* Robert Wood, *An Essay on the Original Genius of Homer*, London 1769. – Daniel Webb: vgl. Anm. zu 23,10. – Johann Joachim Winckelmann, *Geschichte der Kunst des Altertums*, Dresden 1764. – Isaac Newton, *Brevia Chronica*, London 1728; *Chronologia Veterum Regnorum*, London 1728. – Voltaire: vgl. Anm. zu 10,10.

24,18 *Archipelag:* Archipelagos, Inselgruppe im ägäischen Meer.

25,11 f. *kolchisches Völkchen:* Kolchis, im Altertum Landschaft an der Ostküste des Schwarzen Meeres. Hier als Bezeichnung für Abgeschlossenheit verwendet.

25,22 *sprechende Mast:* vgl. Vergil, *Aeneis* IX,77–122, und Herder, *Journal meiner Reise im Jahr 1769* (SWS 4,350 f.).

26,2 f. *Seestreicher:* Analogiebildung Herders zu »Landstreicher«.

26,17 *Völkerkunde:* Mit wissenschaftlichem Anspruch wird der Ausdruck zuerst verwendet in den *Beiträgen zur Völker- und Länderkunde*, hrsg. von Johann Reinhold und Johann Georg Adam Forster, 14 Bde., Leipzig 1781–90.

27,7 *güldne Alter:* nach Hesiod das früheste und glücklichste Weltalter. Es folgen das silberne, bronzene, heroische und eiserne (*Werke und Tage*, V. 109–201).

28,25 *genug entwickelt:* Herder denkt vermutlich an die Werke Winckelmanns und Blackwells (vgl. Anm. zu 22, nach 27 und 23, nach 28).

29,14 *Zuge der Argonauten:* nach der griechischen Sage Fahrt Jasons und seiner Gefährten auf dem Schiff Argo nach Kolchis auf der Suche nach dem Goldenen Vlies. – Herder unterscheidet nicht zwischen Sage und geschichtlichen Ereignissen.

Feldzuge gegen Troja: etwa 1200 v. Chr., Gegenstand der *Ilias* von Homer.

29,15 *gegen die Perser:* im 5. Jh. v. Chr.

29,16 *Niederlage gegen den Mazedonier:* Sieg Philipps von Makedonien 338 v. Chr. bei Chaironea über Athen und Theben.

29,17 *Spiele:* alle vier Jahre stattfindende Wettkampfspiele in Olympia bis 394 n. Chr.

30,17 f. *alte Priester:* Plato, *Timaios* 22b–23b.

30,26 f. *Industrie:* vgl. Anm. zu 19,1.

30,27 *Polizei:* hier in der Bedeutung von öffentlicher, staatlicher Ordnung.

30,29 *Libanus:* lateinischer Name für das Libanon-Gebirge.

31,4 *den ewigen Streit:* vgl. *Fragmente*, 2. Ausgabe (SWS 2,112 ff.).

31,29 *tu regere imperio populos:* »Du, Römer, denke daran, über die Völker zu herrschen«; Vergil, *Aeneis* VI,851.

32,16 *Adler:* Feldzeichen der römischen Legionen.

32,17 *vielwichtiges Wort:* viel bedeutendes, prägnantes Wort; vgl. 34,22–28.

33,3 *Maschine:* hier eine die individuelle Perspektive übersteigende Institution mit der Tendenz zur Verselbständigung; vgl. 34,12 f.

33,29 f. *eine Puppe:* gemeint ist vermutlich: Statuen der Götter unterworfener Völker in Rom. Vgl. die Aufnahme griechischer Gottheiten seit dem 6. Jh. v. Chr. und die Einführung des orientalischen Mithras-Kultes in Rom vom 3. Jh. an.

35,16 f. *Schattenbild:* über die »abstrakten Schattenbilder« der Worte vgl. die Sprachkritik im *Journal meiner Reise im Jahr 1769* (SWS 4, 39, 373 ff., 386 ff., 451 ff.).

37,7 *Periode des Wachstums:* vgl. *Fragmente I:* »Von den Lebensaltern einer Sprache« (SWS 1,151 ff.).

37,10 *Rade des menschlichen Schicksals:* vgl. 68,11 f., *Ideen zur Philosophie der Geschichte der Menschheit* (SWS 14,280, Anm. 1) und A. Demandt, *Metaphern für Geschichte*, S. 248.

37,17 f. *Böotier:* Bewohner von Böotien, einer in der Antike so genannten Landschaft Mittelgriechenlands.

38,11 *sanft verfolgen:* vgl. die ähnliche Formulierung in einer Rezension von 1772 (SWS 5,456).

39,12 *niemanden:* zu ergänzen wäre: kann dies in Erstaunen versetzen.

41,4 *eisernes Tier:* vgl. das Tier mit den eisernen Zähnen als Bild des vierten Weltalters in der Vision des Propheten Daniel (7,7). An dieser Stelle dient die Anspielung vermutlich nur dazu, die Unvergleichbarkeit der weltgeschichtlichen Epochen zu bekräftigen. Vgl. A. Demandt, *Metaphern für Geschichte*, S. 286 f.

41,31 *Hume! Voltaire! Robertsons!:* David Hume, *The History of England*, 6 Bde., London 1754–61 (dt. 6 Bde., Breslau 1762–66). – *Voltaire:* vgl. Anm. zu 10,10. – William Robertson, *History of Scotland during the Reigns of Queen Mary and of King James* VI *until his Accession to the Crown of England*, 2 Bde., London 1759; *The History of the Reign of the Emperor Charles the Fifth*, 3 Bde., London 1769.

42,3–6 *Eine gelehrte Gesellschaft ... gewesen?«:* dritte Frage des Preisausschreibens der Berner *Patriotischen Gesellschaft* von 1762. Alle Fragen wurden 1763 erneut gestellt. Die vierte Frage versuchte Herder 1765 mit einer Abhandlung zu beantworten, die jedoch nicht über das Stadium von Entwürfen hinausgelangt ist: *Problem: wie die Philosophie zum Besten des Volkes allgemeiner und nützli-*

cher werden kann (SWS 32,31 ff.). Herder hat die Preisfragen vermutlich im 261. der *Briefe, die neueste Literatur betreffend* gelesen.

43,10 *die gute Mutter:* gemeint ist wohl »die gütige Natur« (43,24).

43,31 *strebt's nicht an:* vgl. Herders Bemerkung zu einer Stelle in Winckelmanns *Abhandlung von der Fähigkeit der Empfindung des Schönen in der Kunst und dem Unterrichte in derselben*, Dresden 1763 (SWS 8,108).

44,7 *Vorurteil:* vgl. Anm. zu 13,4.

44,8 *Nationalism:* Herder zitiert an dieser Stelle den französischen Ausdruck, der zunächst das gemeinschaftliche Bewusstsein von Menschen gleicher Abstammung (lat. *natio*) mit der Gefahr bornierter Enge bezeichnet. Die positive Bewertung des Vorurteils an dieser Stelle bereitet jedoch auch eine Bedeutungsverschiebung im Begriff »Nationalism« vor. Erst in der Französischen Revolution wird der Ausdruck in einem uneingeschränkt positiven Sinne verwendet, so dass Herder sich in der vierten Sammlung der *Briefe zu Beförderung der Humanität* (1794) veranlasst sah, vor den Gefahren des »Nationalwahns« zu warnen (SWS 17,230 ff.). Vgl. *Historisches Wörterbuch der Philosophie*, Artikel »Nation, Nationalismus, Nationalität«; Hans Kohn, *The Idea of Nationalism*, New York 1948.

44,27 *Proteus:* griechischer Gott des Meeres, der jede Gestalt annehmen konnte; von Herder häufig als Symbol für die Metamorphose in der Geschichte verwendet (SWS 32,19, 28, 63; 5,454).

45,12 *Romane:* hier – in negativer Bedeutung – Fiktionen, Wunschbilder.

45,19 f. *Blätter des Schicksals:* Der Metapher liegt die Vorstellung vom »Buch des Schicksals« zugrunde, dessen einzelne Blätter sich aus dem Zusammenhang lösen, so dass der Text des Ganzen nicht mehr gelesen und verstanden werden kann. Zugleich spielt Herder auf die metaphorische Verwendung der Blätter des Baumes bei Homer an (*Ilias* VI,146), um die Bedeutung »Vergänglichkeit des Menschen« zu assoziieren. Vgl. seinen Aufsatz *Shakespear*, 1773 (SWS 5,219).

45,21 *Revolution:* vgl. 46,17 f. Herders Begriff der Revolution ist hergeleitet von der Bedeutung des Ausdrucks in der Astronomie (lat. *revolutio* ›Umschwung‹, der Planeten z. B.). Er versteht also den Umsturz als gesetzlich geregelte, gleichförmige Wiederkehr. Vgl. die Vorarbeiten zu den *Briefen zu Beförderung der Humanität* (SWS 14,648 f.).

45,22 *Penelopische Arbeit:* Anspielung auf Penelope, die Gattin des Odysseus, die das am Tage Gewebte nachts wieder auftrennte.

45,23 *Skeptizismus:* Als zu überwindende Position charakterisiert Herder den Skeptizismus auch am Anfang des 15. Buches der *Ideen zur Philosophie der Geschichte der Menschheit* (SWS 14,204 ff.).

45, nach 26 *Montaigne ... Bayle ... Crousaz ... Leibniz ... Voltaire, Hume ... die Diderots:* Michel de Montaigne, *Essais*, Bordeaux 1580. – Pierre Bayle, *Dictionnaire historique et critique*, 2 Bde., Rotterdam 1697. – Jean-Pierre de Crousaz, *Examen du pyrrhonisme ancien et moderne*, Paris 1733 (Übers.: Albrecht von Haller, *Prüfung der Seele, die an allem zweifelt*, Göttingen 1751). – Gottfried Wilhelm Leibniz, *Essais de théodicée sur la bonté de Dieu, la liberté de l'homme et l'origine du mal*, Amsterdam 1710. – Voltaire: vgl. Anm. zu 10,10 und 12, nach 24. – Hume: vgl. Anm. zu 41,31. – Diderot als Mitarbeiter der *Encyclopédie ou Dictionnaire raisonné des sciences, des arts et des métiers*, Paris 1751–87.

48,6 *Wächter:* Anspielung auf Daniel 4,10 und 11 sowie auf Offenbarung 14,17–20.

48,24 *Tacitus:* Publius Cornelius Tacitus, *De origine et situ Germanorum*, um 100 n. Chr.

49,22 *Heruler:* germanischer Volksstamm, ursprünglich in Südschweden ansässig.

Sklaven: vermutlich kein Druckfehler; nach mlat. *sclavus* ›Slawe, unfreier Mensch‹. Vgl. das Slawen-Kapitel in den *Ideen zur Philosophie der Geschichte der Menschheit* (SWS 14,277 ff.).

50,27 *Maschine:* hier – negativ bewertet – ein System, das ein Individuum zum bloßen Mittel herabsetzt. Vgl. dagegen Anm. zu 33,3. – Zum Bild des absolutistischen Staates als Maschine vgl. auch Schillers 6. Brief *Über die ästhetische Erziehung des Menschen*.

51,14 *Caput mortuum:* in der Alchimie Bezeichnung für aschenartige Rückstände von Oxydationsvorgängen; hier so viel wie: nur noch ein Schatten.

51,16 f. *politischer Völkerreligion:* Herder meint vermutlich den eklektizistischen Charakter spätrömischer Religionsvorstellungen und ihre politisch-stabilisierende Funktion. Vgl. die Rolle des Mithras-Kultes unter den römischen Legionären.

51,19 f. *römische Aufopferung:* vgl. »dulce et decorum est pro patria mori« (Horaz, *Oden* III,2,13).

52,7 f. *nordische Religion, ein Rest des Orients:* Herder verstand die Nationalreligionen als Modifikationen einer Uroffenbarung. Vgl. seine ebenfalls 1774 (bis 1776) erschienene Schrift *Älteste Urkunde des Menschengeschlechts* (SWS 6,335, 369).

52,22 *Julian:* Julianus Apostata, römischer Kaiser von 361 bis 363, der die heidnischen Religionen gegen das Christentum zu erhalten versuchte.

53,2 *Theurgie:* Beschwörung der Götter.

53,12 *ein Fremdling betrachtet:* vgl. Herder in einer Rezension von 1772: »Ein Geschichtschreiber der Menschheit sollte eigentlich *keine* Religion haben dörfen« (SWS 5,435).

54,6 f. *der menschenliebendste Deismus:* An dieser Stelle bezeichnet der Terminus (vgl. Anm. zu 17,12) vor allem die dem Vernunftbegriff vergleichbare Allgemeinheit der christlichen Gottesvorstellung. Vgl. 55,11 f.

54,30 f. *sie bedurften:* ihrer bedurften.

56,1 *durch alle ihre Werke:* In diesem Gedanken verbinden sich der durch Hamann vermittelte Begriff der Herunterlassung (Kondeszendenz) Gottes (vgl. Hamann, *Sokratische Denkwürdigkeiten, Aesthetica in nuce*), der Herder schon früh veranlasste, mit Nachdruck den *menschlichen* Ursprung von Sprache und Poesie zu betonen (*Abhandlung über den Ursprung der Sprache, Von deutscher Art und Kunst*), mit dem der Immanenz nach der Philosophie des Spinoza (*Ethik*). Vgl. auch das Vorwort zu den *Ideen zur Philosophie der Geschichte der Menschheit:* »Gott ist Alles in seinen Werken« (SWS 13,10).

56,15 *Julian:* vgl. Anm. zu 52,22.

56,22 *reißende Löwen:* vermutlich Anspielung auf Jesaja 11,6 f.

57,4 *einiges:* einziges.

57,9 *derselbe gotische Geist:* Der Begriff »gotisch« hat für Herder noch nicht die heute geläufige kunsthistorische Bedeutung, sondern bezeichnet den »Geist« des Mittelalters. Ursprünglich auch als Bezeichnung für das Verzerrte, Riesenhafte, Unharmonische (vgl. engl. *gothic*) in negativer Bedeutung verwendet und dem Schönen entgegengesetzt (vgl. *Journal meiner Reise im Jahr 1769;* SWS 4,438 f.), bekommt der Begriff hier eine positivere Bewertung (vgl. Herders Skizze *Vom gotischen Geschmack*; SWS 32,29 f.).

57,28 *sie:* bezieht sich vermutlich auf »Vorsehung« (57,22).

58,12 *Aventure:* (frz., nach mittellat. *aventura*, mhd. *âventiure*) Ereignis, ritterliche Bewährungsprobe im Kampf mit anderen Rittern, Riesen, Zwergen etc. in den mittelhochdeutschen Epen.

58,28 *quanti viri!:* (lat.) was für Menschen!

58, nach 29 *Hurd:* Richard Hurd, *Letters on Chivalry and Romance*, 8 Bde., London 1758.

60,30 f. *Land- und Seelenjoche:* Leibeigenschaft.

64,8 *das Feinere der türkischen Religion:* vermutlich Anspielung auf die poetische Verkörperung der Humanität in mohammedanischen Herrschergestalten, wie z. B. in Voltaires Tragödie *Zaire* (1732); vgl. auch die Sultan-Gestalten in Lessings *Nathan der Weise* (1779) und in Mozarts Oper *Die Entführung aus dem Serail* (1782).

64,20 *Papsttum des alten Ägyptens:* vgl. Herders Schrift *Älteste Urkunde des Menschengeschlechts* (Bd. 1, 1774): »*Priesterregiment* war die älteste Verfassung Ägyptens« (SWS 6,395).

65,19 *deutschen:* »deutsch« war zu Herders Zeit auch Bezeichnung für »germanisch«. Vgl. *Von deutscher Art und Kunst* (SWS 5,159 ff.).

66,12–14 *on commençoit ... barbare:* (frz.) »Man begann zu denken wie wir heute denken: man war nicht länger barbarisch«. Als Zitat nicht nachgewiesen.

66,17 *Discours préliminaires:* nach dem Vorbild von D'Alemberts *Discours préliminaire* zur *Encyclopédie* (vgl. Anm. zu 45, nach 26).

66, nach 24 *Hume ... Robertsons ... d'Alembert ... Iselins:* David Hume und William Robertson: vgl. Anm. zu 41,31. – D'Alembert, *Mélanges de littérature, d'histoire et de philosophie*, 2 Bde., Berlin/Paris 1753. – Isaak Iselin, *Versuch philosophischer Mutmaßungen über die Geschichte der Menschheit*, Frankfurt/Leipzig 1764, 1767; *Vermischte Schriften*, 2 Bde., Zürich 1770.

67,28 f. *Bibliothek zu Alexandrien:* Die von Ptolemäus II. (von 285 bis 246 v. Chr. Pharao von Ägypten) begründete Bibliothek wurde der Legende nach bei der Belagerung durch Cäsar, 48 v. Chr., zerstört.

67, nach 28 *Gloire de l'esprit humain . . .:* nicht ermittelt.

69,29 *Roger Baco:* Roger Bacon (1214–94), Franziskaner, der sich zur Erforschung der Natur bereits der experimentellen Methode bediente.

Cartes: Kurzform der lateinischen Namensform von René Descartes, »Cartesius«.

70,12 f. *Anwendung des Glases zur Optik:* Herder denkt wohl vor allem an die Verwendung des Prismas und der Linse in Fernrohr (gegen Ende des 16. Jh.s in Holland entdeckt, von Galilei und Kepler 1609 und 1611 verbessert und theoretisch behandelt) und Mikroskop (ebenfalls Ende des 16. Jh.s und vermutlich in Holland entdeckt). Beide technischen Entwicklungen gehören zu den wichtigsten Voraussetzungen für die Konstituierung der modernen Naturwissenschaften und ihres Weltbildes.

70,13 *Kompasse:* Ursprünglich eine chinesische Erfindung, wurde der Magnetkompass schon im 13. Jh. zur Orientierung auf See verwendet. Herder denkt vermutlich an die technische Verfeinerung des Gerätes durch die genuesischen und flämischen Kompassmacher des 15. und 16. Jh. s.

70,14 *Pulvers:* Das Schießpulver, ebenfalls schon den Chinesen bekannt, wurde in Europa bereits im 14. Jh. zu militärischen Zwecken, in Geschützen und Handfeuerwaffen verwendet. Der Durchschlagskraft ihrer Geschosse konnten Burgen und Rüstungen der Ritter nicht standhalten. Eine neue Technik führte im Laufe des 15. und 16. Jh.s zum Untergang des Rittertums.

70,14 *Buchdruckerkunst:* nach zahlreichen Vorstufen etwa 1440 von Johannes Gutenberg erfunden.

70,15 *Calculs:* Herder meint vermutlich die Erfindung der Trigonometrie, der Buchstabenrechnung, die Entdeckung des Lösungsverfahrens von Gleichungen dritten und vierten Grades etc. im 16. Jh.

70,19 *Geschütz erfunden:* im Laufe des 14. Jh. s.

70,28 *Länder gefunden:* die mit den Namen Vasco da Gama, Christoph Columbus, Amerigo Vespucci u. a. verbundenen Entdeckungen Mittel- und Südamerikas sowie des Seewegs nach Indien am Ende des 15. Jh.s, mit denen die Epoche der Kolonialisierung beginnt.

70,29 *Küsten erobert:* Anspielung auf die Entdeckung Südamerikas (1493–1504) durch Kolumbus und die nachfolgende Kolonisierung.

71,25 *Pantin:* (frz.) Hampelmann, »possierliche kleine Kartenmännchen, welche die Mode der Pariser Stutzer als Breloquen [Uhrkettenanhänger] aufgebracht hatte« (Düntzer). Vgl. Wieland, *Der neue Amadis*, 20. Stanze des V. Gesanges.

72,14 *Sonnenadler:* Das preußische Wappen zeigte einen Adler mit der Inschrift »Non soli cedit« (»Nicht einmal der Sonne weicht er«).

72,17 *Geist der neuern Philosophie:* vgl. hierzu Herders Selbstkritik und seine Reformpläne im *Journal meiner Reise im Jahr 1769* (SWS 4,383 ff.) und das Schülergespräch in *Faust I*, V. 1912–2048.

72,28 *Organe:* vgl. Herders Entwurf *Problem: wie die Philosophie zum Besten des Volks allgemeiner und nützlicher werden kann* von 1764 (SWS 32,31 ff.).

73,3 *auf dem akademischen Seile:* Anspielung auf die Institution der Disputation, in der die Thesen zur Erlangung des Doktorgrades begründet und verteidigt werden mussten.

73,30 *Species facti:* (lat.) die besondere Art einer Tatsache, ihre Individualität.

74,7 *Montesquieus:* vgl. Anm. zu 12, nach 24.

74,16 *abrégé raisonné:* kritischer Abriss (anstelle der Sache selbst).

74,20 *Witz:* im Verständnis des 18. Jh.s die Fähigkeit, zwischen verschiedenen Sachverhalten eine überraschende Beziehung der Analogie herzustellen. Als entdeckendes, kombinatorisches Vermögen die Wurzel der Poesie wie der »ernsthaften« Wissenschaften.

74,23 f. *bei dem Volke:* dem französischen. Vgl. Herders Charakteristik der französischen Sprache und Literatur im *Journal meiner Reise im Jahr 1769* (SWS 4,413 ff.).

74,31 *Affen der Humanität:* die spielerischen Nachahmer, die zu Nachgeahmten werden, weil sich auch andere ihre spielerische Leichtigkeit in Dingen zutrauen, die Ernst und Gründlichkeit verlangen.

75,13 *Hand und Fuß:* vermutlich Anspielung auf die von Livius (*Ab urbe condita* 2,32,8–12) überlieferte, dem Menenius Agrippa (römischer Konsul 503 v. Chr.) zugeschriebene Parabel vom Magen und den Körpergliedern.

75,23 *philosophisch-regierte Herde:* Anspielung auf Preußen unter dem Philosophen auf dem Thron, Friedrich dem Großen. Vgl. Herders Kritik am preußischen Despotismus in der Schrift *Plastik* (SWS 8,62 f.).

76,25 *Wesen für sich:* über die Selbstentfremdung des Individuums im absolutistischen Staat vgl. Schiller, *Über die ästhetische Erziehung des Menschen*, 6. Brief.

77,19 *her trabet:* hochtrabend redet.

77,22 *Neigungen wecken:* vgl. Herders Pläne zur »Bildung« des russischen Reiches durch Beeinflussung der Gesetzgebung der Zarin Katharina II.: *Journal meiner Reise im Jahr 1769* (SWS 4,402 ff.) und die Notizen *Über die Bildung der Völker* (SWS 4,469 ff.).

78,1 *Anlässe und Fügungen:* vgl. Herders Formulierung in einer Rezension von 1772: »Wer da weiß […], wie das Allgemeine immer unter dem Besondern erliegt, und das tausendzackigte Verhängniß sich in die reinsten Winkellosesten Dinge wirft« (SWS 5,433).

79,19 *Letternkultur:* Im *Journal meiner Reise im Jahr 1769* bezeichnet Herder sich selbst als »Tintenfaß von gelehrter Schriftstellerei«, als »Repositorium voll Papiere und Bücher« (SWS 4,347). Vgl. 82,26 f.

79,20 *Werkzeuge:* zu ergänzen wäre wohl: »haben«. Es ist nicht ganz deutlich, wen Herder hier anspricht. Die Gesetzgeber, von denen im folgenden Abschnitt die Rede ist?

79,24 *Kunst der Gesetzgebung:* vgl. Anm. zu 77,22.

80,22 *Prytaneum:* (griech.) Rathaus in Athen.

80,26–30 *Können diese Bildsäulen … fühle?:* vgl. Herders Abhandlung *Plastik* (SWS 8,62 f.).

80,30 *diese Gedichte:* »klassische Luftblase« nennt Herder in der Abhandlung *Von Ähnlichkeit der mittlern englischen und deutschen Dichtkunst* die deutsche Dichtung nach griechischem Muster (SWS 9,529).

81,12 *Ossa auf den Pelion:* Redewendung zur Bezeichnung einer übertriebenen Kraftanstrengung. Nach Homer, *Odyssee* XI,315 f., Ossa und Pelion: Berg und Gebirge in der griechischen Landschaft Thessalien, 1955 und 1680 m hoch.

81,17 *Erziehung:* Anspielung vermutlich auf die Reformpädagogik Johann Bernhard Basedows, dessen wichtigste Schriften in den siebziger Jahren erschienen waren. Seine eigenen Vorstellungen über Erziehung entwickelt Herder im *Journal meiner Reise im Jahr 1769* (SWS 4,371 ff.).

81,19 *ad captum:* zum Verstehen.

81,23 *Vorurteile:* vgl. Anm. zu 13,4.

83,15 *Allgemeinsatz:* vgl. Horaz, *De arte poetica* 173 (»Laudator temporis acti«).

83,24 *Wiederherstellung:* Renaissance, Humanismus.

83,29 *Lobesdeklamationen:* die Behandlung der Geschichte durch Bossuet, die schon Voltaire kritisiert hat. Vgl. 92,2 f.

84,15 *Spitze:* vgl. 71,6.

84,25 *europäische Kolonien:* vgl. Herders Kritik an der Kolonisation, 88,23–89,16, und in den *Briefen zu Beförderung der Humanität* (SWS 18,221 ff.).

85,7 *Irland:* Seit 1171 versuchte die englische Krone, Irland zu unterwerfen. Doch erst Cromwell gelang 1649–51 die gewaltsame Eingliederung.

85,9 *Nordschotten:* 1746 wurden auch im schottischen Hochland die Reste der Stuart-Opposition unterworfen.

85,12–17 *Ein einziges lag ... in der Mitte da ... das taten drei:* Nach einer Vermutung von Jürgen Brummack Anspielung auf die 1. Polnische Teilung, die am 15. Januar und 5. August 1772 durch einen Vertrag zwischen Preußen, Russland und Österreich vollzogen wurde.

85,16 *das edelmütige Frankreich:* Von 1768 bis 1769 wurde die Insel Korsika durch französische Truppen erobert.

85, nach 29 *Hume:* Herder bezieht sich hier vermutlich auf Humes *Political Discourses* (1752) in der Ausgabe *Politische Versuche* im 4. und letzten Teil der von Johann Georg Sulzer herausgegebenen und mit Anmerkungen versehenen (aber nicht übersetzten) *Vermischten Schriften*, Hamburg/Leipzig 1754–56. Mit Humes *History of England* (London 1754–61), die zuerst 1762 in deutscher Sprache erschienen ist, hat Herder, wie Aufzeichnungen im Nachlass zeigen, sich wiederholt beschäftigt.

86,8 *Resignation:* als Folge der Selbstentfremdung des Individuums. Vgl. 88,4 f.

86,9 *Gleichgewicht:* Über die Herkunft des Bildes und seine Verwendung im 18. Jh. vgl. A. Demandt, *Metaphern für Geschichte*, 305 ff.

86,27 *Einst, traurige Zeiten ...:* Hier beginnt, wie Herder in der Fußnote selbst angibt, ein Auszug aus der Einleitung zu William Robertsons *Geschichte Karls V.* (vgl. Anm. zu 41,31). Diese Einleitung, die die Überschrift trägt »A View of the Progress of Society in Europe, from the Subversion of the Roman Empire, to the Beginning of the Sixteenth Century«, besteht aus drei Abschnitten. Der erste behandelt »the Progress of Society in Europe, with Respect to interior Government, Laws and Manners«, der zweite »the Progress of Society in Europe, with Respect to the Command of the national Force Requisite in foreign Operations«, der dritte »the political Constitution of the principal States in Europe, at the Commencement of the Sixteenth Century«. Herders Text ist jedoch keineswegs ein »treuer Auszug«, sondern viel eher eine ironische Paraphrase, die den Zweck verfolgt, Robertsons These von der allmählichen Entwicklung der Geschichte Europas vom dunklen Mittelalter bis zur Höhe der gegenwärtigen Zivilisation zu bezweifeln, wenn nicht gar ad absurdum zu führen.

86, nach 27 Ταρασει ... δογματα: vgl. Anm. zu 5 [Faksimile des Titelblatts der Erstausgabe von 1774].

88,19 *Unser System des Handels:* Auf die Bedeutung des Handels für die Entwicklung der Zivilisation weist William Robertson im 1. Abschnitt der Einleitung zu seinem Buch hin (Vgl. Anm. zu 86,27). – Vgl. auch Guillaume Thomas François Raynal, *Histoire philosophique et politique des établissements et du commerce des Européens dans les deux Indes*, 7 Bde., Den Haag 1774 (Proß).

88,26 *drei Weltteile:* Amerika, vor allem Südamerika, die Küsten von Afrika, Indien.

88,27 f. *Silbergruben:* in Mexiko und Peru.

88,28 *Zuckermühlen:* in Ostindien, zur Verarbeitung des Zuckerrohrs.

88, nach 28 *Millar:* vgl. Anm. zu 20,3.

89,10 *Ziehwolke:* gemeint ist das Phänomen der »wasserziehenden Wolke«. Vgl. die Redewendung »Die Sonne zieht Wasser« (vor einem Gewitter).

89,13 *Monopolisten:* Hinweis auf die Gefahren, die sich aus der ›Akkumulation des Kapitals‹ ergeben.

89,29 *Weltbürger:* Lehnübersetzung von frz. *cosmopolite.* Der Ausdruck setzte sich vor allem seit der Definition Wielands in den *Dialogen des Diogenes* (1770, Kap. 31) als Bezeichnung für einen zentralen Aspekt des Humanitätsgedankens im 18. Jh. durch. Diogenes von Sinope nennt den Weltbürger einen Menschen, »der, ohne mit irgendeiner besondern Gesellschaft in Verbindung zu stehen, den Erdboden für sein Vaterland, und alle Geschöpfe seiner Gattung – gleichgültig gegen den zufälligen Unterschied [...] – als seine Mitbürger oder vielmehr als seine *Brüder* ansieht, die ein angebornes Recht an seine *Hülfe* haben wenn sie leiden, an sein *Mitleiden* wenn er ihnen nicht helfen kann, an seine *Zurechtweisung* wenn er sie irren sieht, an seine *Mitfreude* wenn sie sich ihres Daseyns freuen.«

89, nach 29 *Hume:* David Hume, *Politische Versuche*, in: *Vermischte Schriften*, Bd. 4, hrsg. von Johann Georg Sulzer, Hamburg/Leipzig 1759. Vgl. Anm. zu 85, nach 29.

90,3 *einerlei Zunge:* vgl. 1. Mose 11,1 und Johannes 10,16.

90,26 f. *Zärtlichkeit des Geschmacks:* Überschrift des 1. Kapitels im 4. Teil von Humes *Vermischten Schriften*; vgl. Anm. zu 89, nach 29.

90, nach 28 *Hurds Gespräche* [Fußn. t]: Richard Hurd, *Dialogues on the Uses of Foreign Travels considered as a Part of an English Gentleman's Education*, Dublin 1764. – *Hume* [Fußn. u]: vgl. Anm. zu 85, nach 29.

91,5 *Philoktet:* In der Tragödie *Philoktetes* von Sophokles lebt Philoktet ohne Frauen auf der Insel Lemnos. Vgl. Herders Dichtung *Philoktetes. Szenen mit Gesang* von 1774 (SWS 28,69–78).

91,8 *Aspasien:* Aspasia, gebildete Hetäre und Gattin des Perikles.

91,9 *kartesianische Wirbel:* Nach Descartes verursachen Ätherwirbel die Bewegung der Gestirne. Diese Annahme wurde überholt durch den Begriff der Anziehung in der Mechanik Newtons.

91,15 f. *Regimentsform:* Über das Verhältnis von Regierungsform und schönen Künsten und Wissenschaften vgl. Herders Preisschrift *Vom Einfluß der Regierung auf die Wissenschaften, und der Wissenschaften auf die Regierung* (SWS 9,307 ff.).

91,26 *Oper:* Jean-Baptist Lully (1632–87) und Jean Philippe Rameau (1683–1764) schufen die französische Nationaloper. Vgl. Herders Bemerkungen *Über die Oper* in den Blättern zum *Journal meiner Reise im Jahr 1769* (SWS 4,483 ff.).

91, nach 28 *Voltaire* [Fußn. v]: *Le siècle de Louis* XIV, Berlin 1752. Die folgenden Ziffern XV und XX bezeichnen vermutlich die entsprechenden Kapitel dieses Werkes. – *Panegyristen* [Fußn. r]: Lobredner. Herder spielt an auf die »Querelle des Anciens et des Modernes«, den Streit über die Vorzüge der alten und neueren Dichter, der, im 17. Jh. in Frankreich entfacht, auch noch im 18. Jh. die Kritiker beschäftigte. Herders *Fragmente über die neuere Deutsche Literatur* (1766–67) stehen ebenso in der Tradition dieser Auseinandersetzung wie Schillers Abhandlung *Über naive und sentimentalische Dichtung* (1795).

92,2 *Bossuet:* Jacques Bénigne Bossuet, *Discours sur l'histoire universelle à monseigneur le dauphin [...]. Première partie depuis le commencement du monde jusqu'à l'empire de Charlemagne*, Paris 1681; dt.: *Einleitung in die allgemeine Geschichte der Welt*, übers. von Johann Andreas Cramer, 5 Tle., Leipzig 1748–62. Herders Kritik an Bossuet findet sich teilweise schon bei Voltaire: Die sprachliche Kraft seiner Schilderung stehe im Widerspruch zu ihrer Wahrheit, über der umständlichen Erzählung der fast immer entstellten Tatsachen gehe das Interesse an der Geschichte des menschlichen Verstandes verloren (Voltaire, *Versuch einer Schilderung der Sitten und des Geists der Nationen, wobei die Haupttatsachen in der Geschichte von Karl dem Großen bis zu Ludwig* XIII. *aufgestellt werden*, hrsg. von Wilhelm Mylius, übers. von Friedrich Trost, 7 Tle., Berlin 1786–87, Tl. 1, Berlin 1786, S. 375 ff., Tl. 7, Berlin 1787, S. 170 ff.).

92,4 *Xenophon:* 430–350 v. Chr.; *Hellenika* (»Griechische Geschichte«) und *Kyru Anabasis* (»Der Hinaufmarsch des Kyros«).
Livius: Titus Livius, *Ab urbe condita*, entstanden 26 v. Chr. bis 17 n. Chr. (»Geschichte Roms von der Gründung der Stadt an«).

92,5 *Bourdaloue:* Louis Bourdaloue (1632–1704), Prediger am Hofe Ludwigs XIV.

92,7 *Harmonie:* Anspielung auf Jean Philippe Rameau, den Begründer der modernen Harmonielehre. Sein Hauptwerk *Traité de l'harmonie réduite à ses principes naturels* (Paris 1722) zitiert Herder im vierten *Kritischen Wäldchen*, 1769 (SWS 4,94).

92,8 f. *neue Säule:* gemeint ist vermutlich die Säulenpaarung in der französischen Architektur des 17. und 18. Jh.s (Louvre etc.).

92,11 *Gartenwesen:* der sog. französische Garten im Gegensatz zum englischen Landschaftsgarten, der die freie Natur in die Gestaltung einbezieht.

92,18 f. *alle strenge Philosophie:* Anspielung vermutlich auf das 1. Kapitel des 2. Teils von Humes *Vermischten Schriften* (vgl. Anm. zu 85, nach 29): »Von den verschiedenen Arten der Weltweisheit«.

92, nach 27 *Disc. prélim.* [Fußn. x]: vgl. Anm. zu 66,17. – *Voltaire* [Fußn. x]: Der von Herder zitierte Titel konnte nicht ermittelt werden. – *Hume* [Fußn. y]: vgl. Anm. zu 85, nach 29.

93,4 f. *Lesarten:* Anspielung auf die historische Bibelkritik wie sie vor allem von Richard Simon (*Histoire critique du Vieux Testament*, Amsterdam 1678) und in Deutschland von Johann David Michaelis (in verschiedenen Schriften) begründet worden ist.

93,13 *goldne Zeit:* vgl. Anm. zu 27,7.

93, nach 13 *Mélange:* vgl. Anm. zu 66, nach 24.

94,7 *Werk dreier Weltteile:* Asien (Vorderer Orient), Afrika (Ägypten, Phönizien), Europa.

95,9 *flisternd:* »flistern«, ältere Form von »flüstern«.

95,21 *einseitiger Hohnlüge:* gemeint ist vermutlich jene Geschichtsbetrachtung, die alle früheren Epochen nur als unaufgeklärte Vorstufen der erleuchteten Gegenwart abwertet.

97,14 *Seitabverzerrungen:* vermutlich: Missverständnissen.

97,23 *Sieche:* nach mhd. *siuche* »Seuche, Krankheit«.

99,1 *falben:* welken.

Physik der Geschichte: Lehre von den physischen Bedingungen der Geschichte. Vgl. u. a. Kants Vorlesung über physische Geographie, die Herder in Königsberg gehört hat. In ihr wurden die französischen Theorien über den Einfluss des Klimas auf den Charakter eines Volkes verarbeitet. Vgl. Gonthier-Louis Fink, *Von Winckelmann bis Herder. Die deutsche Klimatheorie in europäischer Perspektive*, in: *J. G. Herder*, hrsg. von Gerhard Sauder, Hamburg 1987, S. 156 ff.

99,5 *Schlaube:* vgl. Anm. zu 13,27.

99,22 *Rolle:* vgl. *Auszug aus einem Briefwechsel über Ossian und die Lieder alter Völker*, 1773 (SWS 5,168).

99,31 *Kette:* alte Metapher für den Zusammenhang der Schöpfung (»aureau catena Homeri«; *Ilias* VIII,19 ff.), verbreitet im Denken des 18. Jh.s. Vgl. A. Demandt, *Metaphern für Geschichte*, S. 311 ff., und Peter Frenz, *Studien zu traditionellen Elementen des Geschichtsdenkens und der Bildlichkeit im Werk J. G. Herders*, Frankfurt a. M. / Bern 1983, S. 99 ff.

100,4 *im Wahne:* vgl. Herders Aufsatz über *Shakespear* (SWS 5,222).

100,6 *Kreislinie:* über diese alte Vorstellung der »mathematischen Mystik«, die Herder geläufig war (vgl. *Gott. Einige Gespräche*, 1787; SWS 16,456), vgl. Dietrich Mahnke, *Unendliche Sphäre und Allmittelpunkt*, Halle 1937.

100,12 *Behör:* Zubehör (alte Form).

100,13 *Geschichte:* vgl. die Vorrede zu den *Ideen zur Philosophie der Geschichte der Menschheit:* »Sind also die Zeiten nicht geordnet, wie die Räume geordnet sind?« (SWS 13,8).

100,29–31 *Zusammenwelt … Folgewelt:* vgl. in Herders Aufsatz *Shakespear*: »ordo successivorum et simultaneorum« (SWS 5,228).

101,8 *Anblick Gottes:* Gott schaut die ganze Welt in *einem* Augenblick an, während der Mensch sie nur diskursiv erkennen kann. In einem Entwurf zur Geschichtsphilosophie aus der Zeit der *Briefe zu Beförderung der Humanität* notiert Herder über das Ende der Geschichte: »und am Ende der Schwanz zum Munde der Schlange – Alles ein Drama, moment continué, Traum« (SWS 14,651). – Über den Unterschied zwischen dem diskursiven (menschlichen) und dem anschauenden (göttlichen) Verstand vgl. Kant, *Kritik der Urteilskraft*, § 77.

101,12 *Harmonie:* vgl. Anm. zu 130,13.

101,26 *ei, wenn's vielleicht:* (mhd. und ostpreußisch) Ausruf der Verwunderung, hier des Spottes.

101, nach 29 *Edda:* Nach der nordischen Mythologie sitzt in den Zweigen der Weltesche Yggdrasil, die sich über Erde und Himmel ausbreitet, ein weiser Adler, der Vogel des Gottes Odin.

102,5 f. *Buche aller Welten:* vgl. Anm. zu 45,19 f.

102,15 *mit dem Werkmeister streiten:* vgl. Römer 9,20 f.

102,18 f. *Wem viel gegeben ist ... leisten:* »Denn welchem viel gegeben ist, bei dem wird man viel suchen« (Lukas 12,48).

103,3 f. *Buch der Vorgeschichte:* vgl. Anm. zu 45,19 f.

103,4 *mit sieben Siegeln:* vgl. Offenbarung 5,1.

103,26 f. *glücklicher Zeitpunkt:* der griechischen Vorstellung vom Kairos vor allem in ihrer aristotelischen Variante nachgebildeter zentraler Begriff der Geschichtsphilosophie Herders. Vgl. *Historisches Wörterbuch der Philosophie*, Artikel »Kairos«.

104,4 *Römer, die ersten Sammler und Austeiler:* vgl. hierzu das erste Fragment in der dritten Sammlung *Über die neuere Deutsche Literatur* (1767; SWS 1,362 ff.).

104,24 *under-plot:* (engl.) Nebenhandlung, Zwischenspiel, Episode.

104,26 *Aristoteles:* Anspielung auf die Vermittlung der aristotelischen Philosophie an das Mittelalter durch den arabischen Arzt Ibn Ruschd (Averroes).

105,4 *mohrischer:* maurischer, arabischer.

105,11 *Weinberg:* vgl. das Gleichnis vom Hausvater, der Arbeiter mietet, um sie in den Weinberg zu schicken: Matthäus 20,1–16.

105,12 *Stunde:* vgl. Anm. zu 103,26 f.

106,15 *Marsilius:* Marsilio Ficino, *Theologia Platonica de animarum immortalitate ac aeterna felicitate* (1482). Ficine lehrte an der platonischen Akademie in Florenz. Vermittler der platonischen und neuplatonischen Philosophie.

Lipsius: Justus Lipsius, *Von der Bestendigkeit (De constantia)*, Faksimiledruck der deutschen Übersetzung des Andreas Viritius nach der 2. Auflage 1601, hrsg. von Leonard Forster, Stuttgart 1965 (Sammlung Metzler, 45).

106,16 *Zeno:* Zenon von Kition (um 333 – um 262 v. Chr.), Begründer der älteren Stoa.

106,27 *Ptolomäen:* ägyptische Dynastie, ca. 300 – 30 v. Chr.

106,28 *Hadriane:* Bestrebungen des römischen Kaisers Hadrian (2. Jh.

n. Chr.), den Geist Athens in Architektur, Kunst und Wissenschaft wiederzuerwecken.

Julian: Julian Apostata (vgl. Anm. zu 52,22) plante eine Wiedererrichtung des Tempels in Jerusalem.

107,18 f. *Montesquieus edles Riesenwerk:* vgl. Anm. zu 12, nach 24.

107,23 f. *drei elender Allgemeinörter:* Montesquieu unterscheidet die despotische, monarchische und republikanische Regierungsform (*De l'ésprit des lois*, 2. Buch, 1. Kap.; vgl. Anm. zu 12, nach 24).

107,27 *Turm der Verwirrung:* vgl. 1. Mose 11.

108,11 f. *der größte Teil von Nationen der Erde:* In den sog. primitiven Völkern glaubte Herder auch in seiner zivilisierten Gegenwart noch die poetische Weltansicht zu erkennen, aus der die Uroffenbarung der Menschheit hervorgegangen ist, von der die poetische »Älteste Urkunde«, das Alte Testament, erzählt; vgl. *Auszug aus einem Briefwechsel über Ossian und die Lieder alter Völker* (1773) und *Älteste Urkunde des Menschengeschlechts* (1774).

108,22 *Verehrung:* vgl. Herders Kritik an Winckelmann und seine eigenen Versuche, die historische Besonderheit der griechischen Kultur und also ihre Unwiederholbarkeit zu zeigen in den *Fragmenten* II (SWS 1,241 ff.) und im ersten *Kritischen Wäldchen* (SWS 3,7 ff.).

108,24 *Pandora:* Der Name der Gattin des Epimetheus bedeutet: die Allbegabte.

108,27 *Nebenweg zu den Arabern:* Anspielung auf die beginnenden arabischen Studien im 18. Jh., vor allem bei Johann David Michaelis.

109,14 *Aussichten:* vgl. *Ideen zur Philosophie der Geschichte der Menschheit*, 5. Buch, 6. Kap.: »Der jetzige Zustand der Menschen ist wahrscheinlich das verbindende Mittelglied zweener Welten« (SWS 13,194).

109,19 *den großen Lehrer:* Montesquieu. Vgl. Anm. zu 12, nach 24.

111,3 *Xenophon:* Schriften Xenophons über Sokrates: *Apologia* (Verteidigung), *Apomnemoneumata* (Erinnerungen), *Symposion* (Gastmahl).

111,16 *den dreißig Heilanden:* die dreißig Tyrannen, die nach der Niederlage Athens im Peloponnesischen Krieg die Stadt beherrschten

(404 v. Chr.). Sokrates widersetzte sich ihren Befehlen (Platon, *Apologie* 32c).

111,19 f. *Aristoteles:* Aristoteles, *Die Physik.*

111,20 *Plinius:* Plinius Secundus d. Ä., *Historia naturalis.*

111, nach 29 *Buffon:* Georges Louis Leclerc de Buffon, *Histoire naturelle générale et particulière,* Paris 1749–1804.

112,15 *Machaon:* Sohn des Asklepios, Vater des Hippokrates, der ein Asklepiade, ein Priesterarzt, war.

112,21 *Feuerschlange:* Anspielung auf die Syphilis?

113,10 *foderte:* fodern, alte Form von »fordern«, im 18. Jh weit verbreitet.

114,6 *Thron Menschenköpfe:* Anspielung auf die angebliche Gewohnheit der Mongolenherrscher, ihren Thron auf Menschenschädeln zu errichten?

114,8 *Linsenwerfer:* Nach einer von Quintilian überlieferten Anekdote (*Institutio oratoria* II,30,3) erhielt ein Mensch, der Alexander den Großen mit seiner Fähigkeit, Linsen durch ein Nadelöhr zu werfen, beeindruckt hatte, von diesem einen Scheffel von dieser Hülsenfrucht. Herder kannte die Geschichte vermutlich aus der Einleitung zu Hamanns *Sokratischen Denkwürdigkeiten* (1759).

114,9 *Flötenspieler:* nicht ermittelt.

114,16 *Ehrenfessel der Freiheit:* möglicherweise Anspielung auf das rote Band, das in Ostpreußen die für den preußischen Militärdienst bestimmten Knaben tragen mussten (vgl. Herder an Johann Heinrich Merck, Februar/März 1771, in: Herder, *Briefe*, Bd. 1, Weimar 1977, S. 313).

114,31 *im Hefen:* Hefe, von mhd. *hebe, heve* (mask.).

116,21–23 *Das Jahrhundert ... bildete:* die Renaissance im 15. und 16. Jh.

116,26 *großen Königs:* Ludwig XIV.

117,1 *eherne Meere:* »Ehernes Meer (mer d'airain) heißt das große Bad der Priester im Tempel Salomos, in welchem diese vor und nach dem Opfer sich reinigten. Als solche Reinigung von vergossenem Blute werden hier Orden, Ketten und Schmuck bezeichnet, die Ludwig XIV. trug« (Düntzer).

117,5 *Forschungen:* vgl. Herder über die Wissenschaften im Zeitalter Ludwigs XIV. in der Zeitschrift *Adrastea* (SWS 23,52 ff.).

117,9 *Schlaube:* vgl. Anm. zu 13,27.

118,6 *Fénelonsche Tugend:* Anspielung auf den Erziehungsroman von François de Salignac de la Mothe-Fénelon, *Suite du quatrième livre de l'Odyssée d'Homère, ou les aventures de Télémaque, fils d'Ulysse«*, Paris 1699.

119,20 *Ignaz:* Ignatius von Loyola begründete 1534 den Jesuitenorden, der ein wichtiges Instrument der Gegenreformation wurde. *Epaminondas:* Epameinondas, thebanischer Feldherr, der 371 v. Chr. die Spartaner bei Leuktra besiegte.

120,29 *Kaiphas:* der Hohepriester, dem der gefangene Jesus vorgeführt wurde (Matthäus 26,57–68). Vgl. Klopstock, *Messias*, Vierter Gesang.

121,5 f. *Machiavell und Antimachiavell:* Niccolà Machiavelli, *Il Principe*, Rom 1532; Friedrich II., *Antimachiavel ou Essai de critique sur »Le Prince« de Machiavel*, 1740; dt.: *Anti-Machiavell, oder Versuch einer Kritik über Nic. Machiavels Regierungskunst eines Fürsten*, Frankfurt a. M. / Leipzig 1745.

123, nach 29 *Ritter Temple:* William Temple, *Essay upon the Origin and Nature of Government* (1672).

124,9 *Wolke:* vgl. 1. Korinther 10,1.

125,17 *Doppellicht:* Zwielicht. Vgl. 124,12 f.

126,4 *Monarch:* Friedrich II.

126,6 f. *den uns … aufbewahrt:* aus Klopstocks Ode *An Gleim*, Str. 12, Z. 3 f.

126,16 *Pracht:* alte männliche Form wie mhd. *braht.*

127,18 *Zembla:* die russische Eismeerinsel Nowaja Semlja.

128,13 *Château de Fernay:* Schloss am Genfer See, Aufenthaltsort Voltaires seit 1758.

128,18 *Kabale:* vermutlich Anspielung auf Voltaires Schwierigkeiten mit den politischen und kirchlichen Instanzen: mit dem französischen König, mit Friedrich II. und der Geistlichkeit von Genf.

128,31 f. *Kometen:* Über die geometrische Form der geschichtlichen Bewegung vgl. Lessing, *Die Erziehung des Menschengeschlechts* (§ 91), Herder, *Ideen zur Philosophie der Geschichte der Menschheit* (SWS 14,226), *Briefe zu Beförderung der Humanität* (24. Brief, SWS 17,113) und Hölderlin über die »exzentrische Bahn« in den Entwürfen zum *Hyperion*. Der Name »Hyperion« gehört einem der Titanen. (Hölderlin, *Sämliche Werke und Briefe*, hrsg. von Günther Mieth, 2 Bde., München 1970, Bd. 1, S. 483, 558.)

129,23 *Silben:* vgl. Anm. zu 45,19 f.

130,7 *Wahne des Freien:* vgl. Anm. zu 100,4.

130,13 *Auflösung:* vgl. hierzu eine Notiz Herders zur Oper aus dem Jahre 1769, in der sich sein Denken in Analogien besonders deutlich zeigt: »Stehe an einer Seite, wo nur der Baß brummt: hörst du die Musik? Philosoph, der du nur den Fundamentalbaß deiner Abstraktion siehst, siehst du die Welt? die Harmonie des Ganzen? stehst du am rechten Orte?« (SWS 4,486.)

130,26 f. *Was Sokrates ... sagte:* Sokrates über Heraklit (nach Diogenes Laertius, *De vitis, decretis, responsis celebrium philosophorum* II,22): »Was ich davon verstanden habe, ist vortrefflich. Ich glaube daher, dass auch das, was ich nicht verstanden habe, vortrefflich ist«. Herder hat diese Anekdote auch in Hamann *Sokratischen Denkwürdigkeiten*, am Schluss der zweiten Widmung, lesen können.

130,29 *Buche:* vgl. Anm. zu 45,19 f.

131,7 *Kette:* vgl. Anm. zu 99,31.

131,19 *Fragment:* vgl. Herders Gedicht *Mein Schicksal*, 1770 (SWS 29,340 ff.).

131,21 f. *Quanta ... dies:* »in welche Finsternis war unser Tag versunken« (eigtl.: »quanta sub nocte iaceret / nostra dies«; Lucanus, *Pharsalia* IX,13 f.).

131,25–28 *Βλεπομεν ... αγαπη:* »Wir sehen jetzt durch einen Spiegel in einem dunkeln Bild; dann aber von Angesicht zu Angesicht. Jetzt erkenne ich stückweise; dann aber werde ich erkennen, gleich wie ich erkannt bin. Nun aber bleiben Glaube, Hoffnung, Liebe, diese drei, aber die Liebe ist die größte unter ihnen« (1. Korinther 13,12 f.)

Meinen Mitarbeitern Franz-Josef Eismar, Ulrich Höddinghaus und Stephan Reher danke ich für ihre Hilfe.

Literaturhinweise

Ausgaben

Auch eine Philosophie der Geschichte zur Bildung der Menschheit. Beytrag zu vielen Beyträgen des Jahrhunderts. [o. O.] 1774. [Zit. als: A.]

Herders Werke. Nach den besten Quellen revidierte Ausgabe. Hrsg. und mit Anm. begleitet von Heinrich Düntzer. 24 Tle. Berlin [1879]. – »Auch eine Philosophie der Geschichte zur Bildung der Menschheit« in: Tl. 21: Kleine Schriften aus der Vorweimarer Zeit. [Zit. als: D.]

Johann Gottfried von Herder: Sämmtliche Werke. Hrsg. von Bernhard Suphan. 33 Bde. Berlin 1877–1913. [Zit. als: SWS, unter Nennung von Band- und Seitenzahl.] – »Auch eine Philosophie der Geschichte zur Bildung der Menschheit« in: Bd. 5. Hrsg. von B. S. und Reinhold Steig. Berlin 1891.

Johann Gottfried von Herder: Werke in zwei Bänden. Hrsg. von Karl Gustav Gerold. München 1953. – »Auch eine Philosophie der Geschichte zur Bildung der Menschheit« in Bd. 2. [Zit. als: G.]

Herders Werke in fünf Bänden. Ab 5. Aufl. ausgew. und eingel. von Regine Otto. Berlin/Weimar [5]1978. Bd. 3.

Der handschriftliche Nachlaß Johann Gottfried Herders. Katalog. Im Auftrag und mit Unterstützung der Akademie der Wissenschaften in Göttingen bearb. von Hans Dietrich Irmscher und Emil Adler. Wiesbaden 1979. [Zit. als: HN, unter Nennung von Band- und Seitenzahl.]

Johann Gottfried Herder: Werke. Hrsg. von Wolfgang Proß. 3 Bde. München/Bern 1984, 1987, 2002. – »Auch eine Philosophie der Geschichte zur Bildung der Menschheit« in Bd. 1: Herder und der Sturm und Drang. 1764–1774.

Johann Gottfried Herder: Entwurf zur Philosophie der Geschichte. Hrsg. von Hans Dietrich Irmscher. In: Textkritik und Interpretation. Festschrift für Karl Konrad Polheim. Hrsg. von Heimo Reinitzer. Bern [u. a.] 1987. S. 339–351.

Johann Gottfried Herder: Werke. 10 in 11 Bänden. Hrsg. von Martin

Bollacher [u. a.]. Frankfurt a. M. 1988 ff. (Bibliothek deutscher Klassiker.) »Auch eine Philosophie der Geschichte zur Bildung der Menschheit« in: Bd. 4. Hrsg. von Jürgen Brummack und M. B. Frankfurt a. M. 1994. S. 9–107.

Johann Gottfried Herder. Briefe. Gesamtausgabe 1763–1803. Unter Leitung von Karl-Heinz Hahn hrsg. von den Nationalen Forschungs- und Gedenkstätten der klassischen deutschen Literatur in Weimar (Goethe-Schiller-Archiv). Bearb. von Wilhelm Dobbek und Günter Arnold. 8 Bde. Weimar 1977–1984.

Bibliographien

Kuhles, Doris: Herder-Bibliographie 1977–1992. Stuttgart/Weimar 1994. (Personalbiographien zur neueren deutschen Literatur. 1).

Die Herder-Bibliographie erscheint ab dem Berichtszeitraum 1993 kontinuierlich im *Herder Jahrbuch* der Internationalen Herder-Gesellschaft. [www.johann-gottfried-herder.net]

Forschung

Adler, Hans: Die Prägnanz des Dunklen. Gnoseologie, Ästhetik, Geschichtsphilosophie bei Johann Gottfried Herder. Hamburg 1990.

Bollacher, Martin: »Das Maulwurfsauge dieses lichtesten Jahrhunderts«: Herders Diagnose der Gegenwart in der Schrift *Auch eine Philosophie der Geschichte zur Bildung der Menschheit.* In: Ethik und Ästhetik. Werke und Werte in der Literatur vom 18. bis zum 20. Jahrhundert. Festschrift für Wolfgang Wittkowski zum 70. Geburtstag. Hrsg. von Richard Fischer. Frankfurt a. M. [u. a.] 1995. S. 55–67.

Bückeburger Gespräche über Johann Gottfried Herder 1983. Hrsg. von Brigitte Poschmann. Rinteln 1984. [Der Band mit insgesamt 14 Aufsätzen ist der Schrift »Auch eine Philosophie der Geschichte« gewidmet.]

Bultmann, Christoph: Die biblische Urgeschichte in der Aufklärung. Johann Gottfried Herders Interpretation der Genesis als Antwort auf die Religionskritik David Humes. Tübingen 1999.

Clairmont, Heinrich: »malo sidere nata?« Zu Herders *Auch eine Philosophie der Geschichte zur Bildung der Menschheit.* Vortrag, Herder-Tagung 2002.

Deiters, Franz-Josef: Das Volk als Autor? Der Ursprung einer kulturgeschichtlichen Fiktion im Werk Johann Gottfried Herders. In: Autorschaft. Positionen und Revisionen. DFG-Symposion 2001. Hrsg. von Heinrich Detering. Stuttgart 2002. S. 181–201.

Demandt, Alexander: Metaphern für Geschichte. Sprachbilder und Gleichnisse im historisch-politischen Denken. München 1978.

Fulda, Daniel: Wissenschaft aus Kunst: die Entstehung der modernen deutschen Geschichtsschreibung 1760–1860. Berlin / New York 1996. (European cultures.7.)

Gadamer, Hans-Georg: Volk und Geschichte im Denken Herders. Frankfurt a. M. 1942. – Überarb. und erg. Fassung als Nachw. zu: J. G. Herder: *Auch eine Philosophie der Geschichte zur Bildung der Menschheit.* Frankfurt a. M. 1967.

– Herder und die geschichtliche Welt. In: H.-G. G.: Kleine Schriften. Bd. 3: Ideen und Sprache. Platon, Husserl, Heidegger: Tübingen 1972. S. 101–117.

Gaier, Ulrich: Johann Gottfried Herder (1744–1803), *Auch eine Philosophie der Geschichte zur Bildung der Menschheit.* In: KulturPoetik 4 (2004) H. 1. S. 104–115.

Gillies, Alexander: Herder's Approach to the Philosophy of History. In: Modern Language Review 35 (1940) S. 193–206.

– »Auch eine Philosophie der Geschichte zur Bildung der Menschheit«. In: The Era of Goethe. Essays presented to James Boyd. Oxford 1959. S. 61–80.

Häfner, Ralph: Johann Gottfried Herders Kulturentstehungslehre. Studien zu den Quellen und zur Methode seines Geschichtsdenkens. Hamburg 1995.

Haym, Rudolf: Herder, nach seinem Leben und seinen Werken. 2 Bde. Berlin 1880–85. Bd. 1. S. 538–552.

Heinz, Marion: Historismus oder Metaphysik? Zu Herders Bückeburger Geschichtsphilosophie. In: Johann Gottfried Herder: Geschichte und Kultur. Hrsg. von Martin Bollacher. Würzburg 1994. S. 75–85.

Heise, Jens: Johann Gottfried Herder zur Einführung. Hamburg ²2006.

Herz, Andreas: Dunkler Spiegel – helles Dasein. Natur, Geschichte, Kunst im Werk Johann Gottfried Herders. Heidelberg 1996.

Historisches Wörterbuch der Philosophie. Hrsg. von Joachim Ritter. 13 Bde. Basel 1971–2007.

Irmscher, Hans Dietrich: Gegenwartskritik und Zukunftsbild in Herders Schrift *Auch eine Philosophie der Geschichte zur Bildung der Menschheit*. In: Recherches Germaniques 23 (1993) S. 33–44.

– Methodologische Fragen in der Geschichtsphilosophie Johann Gottfried Herders. In: Herder-Studien. Hrsg. von der Herder-Gesellschaft in Japan. Bd. 1. Tokio 1995. S. 7–43.

– Poesie, Nationalität und Humanität bei Herder. – In: Nationen und Kulturen: zum 250. Geburtstag Johann Gottfried Herders. Hrsg. von Regine Otto. Würzburg 1996. S. 35–47.

– Aspekte der Geschichtsphilosophie Johann Gottfried Herders. In: Herder und die Philosophie des deutschen Idealismus. Hrsg. von Marion Heinz. Amsterdam/Atlanta 1997. S. 5–47.

– Johann Gottfried Herder. Stuttgart 2001.

Jacobs, Jürgen: »Universalgeschichte der Bildung der Welt«. Die Problematik des Historismus beim frühen Herder. In: Johann Gottfried Herder. Geschichte und Kultur. Hrsg. von Martin Bollacher. Würzburg 1994. S. 61–74.

Jäger, Stefan: Performative Geschichtsschreibung. Forster, Herder, Schiller, Archenholz und die Brüder Schlegel. Berlin/Boston 2011. (Hermaea. Neue Folge, Bd. 125.)

Jöns, Dietrich Walter: Begriff und Problem der historischen Zeit bei J. G. Herder. Göteborg 1956.

Johannsen, Jochen: Geschichte als Menschheitsbildung. J. G. Herders historische Anthropologie und die ausgeweitete Moderne. Witten 2004. [www.ssoar.info/ssoar/handle/document/25697]

Leventhal, Robert S.: Progression and Particularity: Herder's Critique of Schloezer's Universal History in the Context of his Early

Writings. In: Johann Gottfried Herder. Language, History, and the Enlightenment. Edited by Wulf Koepke. Columbia 1990. (Studies in German Literature, Linguistics, and Culture. Vol. 52.) S. 25–46.

Litt, Theodor: Die Wiedererweckung des geschichtlichen Bewußtseins. Mit einem Geleitwort von Eduard Spranger und Wilhelm Roessler zum 75. Geburtstag des Verfassers. Heidelberg 1956.

Malsch, Wilfried: Hinfällig geoffenbartes Urbild. Griechenland in Herders typologischer Geschichtsphilosophie. In: Jahrbuch der Deutschen Schillergesellschaft 30 (1986) S. 161–195.

Markworth, Tino: Unterwegs zum Historismus. Der Wandel des geschichtsphilosophischen Denkens Herders von 1771 bis 1773. In: Johann Gottfried Herder. Geschichte und Kultur. Hrsg. von Martin Bollacher. Würzburg 1994. S. 51–59.

Maurer, Michael: Geschichte zwischen Theodizee und Anthropologie: zur Wissenschaftlichkeit der historischen Schriften Herders. In: J. G. Herder. Academic Disciplines and the Pursuit of Knowledge. Hrsg. von Wulf Koepke. Columbia 1996. S. 120–136.

Meinecke, Friedrich: Die Entstehung des Historismus. Hrsg. und eingel. von Carl Hinrichs. München [4]1965. S. 355–444.

Meyer, Heinz: Überlegungen zu Herders Metaphern für die Geschichte. In: Archiv für Begriffsgeschichte. Bd. 25 (1981) S. 88–114.

Nisbet, Hugh Barr: Goethes und Herders Geschichtsdenken. In: Geschichtlichkeit und Gegenwart. Festschrift für Hans Dietrich Irmscher zum 65. Geburtstag. Hrsg. von Hans Esselborn und Werner Keller. Köln [u. a.] 1994. S. 93–115. Auch in: Goethe-Jahrbuch. Bd. 110. 1993. Weimar 1994. S. 115–133.

Otto, Regine: »Nur ein Wort über Herders Philosophie der Geschichte«: zu den Wirkungen der Bückeburger Abhandlung. In: Aufklärung als Problem und Aufgabe. Festschrift für Sven-Aage Jørgensen zum 65. Geburtstag. Hrsg. von Klaus Bohnen u. Per Øhrgaard. München/Kopenhagen 1994. (Text und Kontext. Sonderreihe. 33.) S. 158–171.

Pfaff, Peter: Hieroglyphische Historie. Zu Herders *Auch eine Philosophie der Geschichte zur Bildung der Menschheit.* In: Euphonon 77 (1983) S. 407–488.

Proß, Wolfgang: Die Ordnung der Zeiten und Räume. Herder zwischen Aufklärung und Historismus. In: Vernunft – Freiheit – Humanität. Über Johann Gottfried Herder und einige seiner Zeitgenossen. Festgabe für Günter Arnold zum 65. Geburtstag. Hrsg. von Claudia Taszus. Eutin 2008. S. 9–73.

Rouché, Max: La philosophie de l'histoire de Herder. Paris/Straßburg 1940.

Sauder, Gerhard: Herders Ursprungsdenken. In: Le Sturm und Drang: une rupture? Hrsg. von Marita Gilli. Paris 1996. (Laboratoire littérature et histoire des pays de langues européennes. 42.) S. 65–80.

Stadelmann, Rudolf: Der historische Sinn bei Herder. Halle 1928.

Zammito, John: Herder and Historical Metanarrative: What's Philosophical about History? In: A companion to the works of Johann Gottfried Herder. Ed. by Hans Adler und Wulf Koepke. Rochester 2009. S. 65–91.

Nachwort

Entstehung

Herders Schrift *Auch eine Philosophie der Geschichte zur Bildung der Menschheit* ist 1774 im Verlag von Johann Friedrich Hartknoch (Riga) als Oktavbändchen von insgesamt 190 Seiten ohne Ortsangabe erschienen, gedruckt von C. S. Ife im sächsischen Weißenfels. Der Druckfassung, die im August 1773 fertiggestellt war, sind nach Suphans Ermittlungen (SWS 5,XXVI f.) insgesamt vier Stufen der Ausarbeitung vorausgegangen. Seit seiner Rigaer Zeit hatte Herder sich mit dem Problem der Geschichte beschäftigt und verschiedene Möglichkeiten ihrer philosophischen Behandlung erprobt. *Das Journal meiner Reise im Jahr 1769* zeigt, dass alles, was er seit 1762 auf dem Felde der »schönen Wissenschaften«, der Ästhetik und Philosophie, der Theologie und Anthropologie gedacht und geschrieben hatte, in einer »Universalgeschichte der Bildung der Welt« (SWS 4,353) zusammengefasst werden sollte.

Wie so oft in der Geschichte von Herders Schaffen war es ein äußerer Anlass, der zum Kristallisationskern wurde: Eine der 1762 ausgeschriebenen Preisfragen der Berner Patriotischen Gesellschaft gab den Impuls zu einer ersten Niederschrift (SWS 5,587 ff.). Diese Preisfrage hatte schon Isaak Iselin zu seinen *Philosophischen Muthmaßungen über die Geschichte der Menschheit* (Frankfurt und Leipzig 1764) ermuntert, die Herders wichtigste Quelle für seine Kenntnis der zeitgenössischen Geschichtsphilosophie und zum Gegenstand des Wetteifers geworden ist. Durch diese Schrift Iselins, die ihm mindestens seit 1762 bekannt war

(SWS 2,62), ist er vermutlich auf Montesquieu und Hume aufmerksam geworden.[1] Noch die von Suphan als vierte Redaktion bezeichnete Ausarbeitung (HN II,40) geht von der Preisfrage aus. Von diesem Anlass löst sich ein offenbar hastig niedergeschriebener Entwurf, in dem Herder das Prinzipielle seines Geschichtsbildes zusammenfasst.[2]

Die Produktivität Herders in diesem Jahr ist beeindruckend: 1774 erschienen die ersten drei Teile der *Ältesten Urkunde des Menschengeschlechts* und die Schrift *An Prediger. Funfzehn Provinzialbätter*; Herder arbeitete an der Schrift *Vom Erkennen und Empfinden der menschlichen Seele*, an einer Schrift über *Johannes* und an den *Erläuterungen zum Neuen Testament aus einer neueröfneten Morgenländischen Quelle.* Vorausgegangen waren die Aufsätze über *Shakespear* und der *Auszug aus einem Briefwechsel über Ossian und die Lieder alter Völker.* Sie alle sind »disiecti membra poetae« (Horaz, *Satiren* 1,4,62) und müssen zum Verständnis der vorliegenden Schrift herangezogen werden.

Literarische Gattung

Herder selbst war stolz auf seine Schrift. An seinen Verleger Johann Friedrich Hartknoch schrieb er Anfang August 1773: »Eins meiner Bücher ist fertig, dazu ein sehr schönes [...]

1 Ulrich im Hof, *Isaak Iselin und die Spätaufklärung*, Bern/München 1967, S. 96 f.

2 Johann Gottfried Herder, *Entwurf zur Philosophie der Geschichte*, hrsg. von Hans Dietrich Irmscher, in: *Textkritik und Interpretation. Festschrift für Karl Konrad Polheim*, hrsg. von Heimo Reinitzer, Bern [u. a.] 1987, S. 339–351.

drucken Sies *hübsch* in groß Oktav wie eine der niedlichen Schriften unsres Jahrhunderts [...]«. Welche Gründe hatte Herder für dieses Eigenlob? Sicher lagen sie nicht in der formalen Vollendung des Werkes, wohl auch nicht in seiner gedanklichen Geschlossenheit, sondern ohne Zweifel in seiner *kritischen Potentialität:* »Es ist Feur darinn und glühende Kolen auf die Schädel unsres Jahrhunderts, wie ich dasselbe kenne, und mit andern zusammengehalten«, heißt es in dem zitierten Brief.

Die Abhandlung ist daher vor allem ein *Pamphlet*, wie Herder sie selbst in einem Brief vom 3. Oktober 1783 an Johann Gottfried Eichhorn bezeichnet hat. Eine Schmähschrift also auf eine – wie der ironische Untertitel »Beitrag zu vielen Beiträgen des Jahrhunderts« andeutet – in Herders Zeit verbreitete, wenn auch noch junge Art, über Geschichte philosophisch zu reflektieren. Darüber hinaus trägt das Werk aber auch – die Argumente Rousseaus zusammenfassend – die Kritik der Stürmer und Dränger an Kultur, Gesellschaft und politischer Struktur des Ancien Régime in Deutschland in einer radikalen Zuspitzung vor, so dass Herder in diesem Fall – mit Rücksicht auf seine Stellung als Prediger und Generalsuperintendent im absoluten Fürstentum von Schaumburg-Lippe – allen Grund hatte, auf einer anonymen Verfasserschaft zu bestehen (an Johann Friedrich Hartknoch, Anfang November 1773). Es gibt wenige Schriften im Deutschland vor der Französischen Revolution, in denen mit vergleichbarer Schärfe die gesellschaftliche, kulturelle und politische Situation jener Zeit als entfremdet in Spiel und mechanischem Ablauf gekennzeichnet und die tatsächliche despotische Kehrseite der Rede von allgemeiner Menschenliebe (»Dialektik der Aufklärung«) offengelegt wird. Im Prinzipiellen und in nicht wenigen Einzelheiten nimmt Herders Kritik die Schillers in den Briefen *Über die ästhetische Erziehung des Menschen* (1795, vor allem 6. Brief) vorweg.

Aber diese Schrift ist auch das Werk eines Predigers. Herder spricht von »Verfall«, »Verwesung«, »Auflösung« als Kennzeichen der Gegenwart in kräftigen Farben und Bildern. Aber als eine rechte *Bußpredigt* enthält die Abhandlung auch den Appell zur *Umkehr*, an den Vater und die Mutter, an den philosophischen Lehrer, an den Arzt und Naturforscher. Das Bild der Geschichte, das Herder in wenigen Strichen entwirft, soll die Menschen der Gegenwart aufrufen, »zu hoffen, zu handeln, zu glauben, auch da, wo man nichts oder nicht alles sieht«.

Wie der Untertitel andeutet, ist die Schrift auch als *Parodie* zu verstehen, aber als eine *produktive* Parodie. Wie die nicht in erster Linie darstellende, sondern räsonierende Geschichtsphilosophie der Aufklärung bietet auch Herders Abhandlung anhand von Beispielen prinzipielle Reflexionen über die geschichtliche Existenz des Menschen, über Vergangenheit und Zukunft, die Bestimmung der Gegenwart und über die Möglichkeiten und Grenzen der Erkenntnis von Geschichte überhaupt.

Und schließlich ist *Auch eine Philosophie* ein Stück *Poesie*. Mit dichterischen Mitteln, von denen Analogien, Vergleiche und Gleichnisse erwähnt seien, entwirft Herder ein Bild vom Ganzen der Geschichte, und zwar mit der Absicht, *Menschen* zur Hoffnung und zum Handeln zu ermuntern (denn nach alter Auffassung wirkt vor allem die Anschauung auf den Willen und bewirkt so die Tat) und Gott angesichts des Übels in der Geschichte, das in Herders

Augen primär als Disparität und Diskontinuität erscheint, zu rechtfertigen (nicht jedoch, wie Leibniz, durch begriffliche Deduktion, sondern als Theodizee a posteriori, wie es in einem Entwurf zum Shakespeare-Aufsatz heißt; SWS 5,239).

Einem heutigen Leser bereitet vor allem die metaphorische Schreib- oder Redeweise Herders erhebliche Schwierigkeiten. Diese lassen sich nicht beheben, aber doch verständlich machen, wenn man sich vergegenwärtigt, dass im 18. Jahrhundert die Metapher als eine Vorstufe der Erkenntnis angesehen wurde, als ein Mittel, in der Kombination verschiedener Seinsbereiche Neues zu entdecken und der begrifflichen Erkenntnis vorzuarbeiten.[3]

Obwohl äußerlich vollendet, ist Herders Schrift in ihrer Intention fragmentarisch. Sie enthält eine Fülle von Thesen, die dem Leser – um einen Ausdruck des 18. Jahrhunderts zu gebrauchen – »viel zu denken übrig lassen«. Herder selbst hat sich über die Produktivität des Fragmentarischen wiederholt geäußert.[4] Wie sein älterer Freund Hamann, dessen Schreibweise er in diesem Sinne charakterisiert (SWS 1,228 f.), hat er es auf einen weiterdenkenden Leser abgesehen: »Kannst du aber, lieber Leser! nichts als lesen, nicht die Lücken, die dir überlassen wurden, in Gedanken selbst ausfüllen, nicht weiter denken, wo dir Aussichten er-

3 Vgl. meine *Beobachtungen zur Funktion der Analogie im Denken Herders*, in: *Deutsche Vierteljahrsschrift für Literaturwissenschaft und Geistesgeschichte* 55 (1981) S. 64–97.

4 Vor allem in der fragmentarischen Abhandlung *Ueber Thomas Abbts Schriften. Der Torso von einem Denkmal, an seinem Grabe errichtet*, 1768 (SWS 2,249 ff.).

öffnet werden« (SWS 1,222), so hast du – wird man fortfahren müssen – das Buch nicht wirklich verstanden.

Das Problem der Geschichte

Der Untertitel »Beitrag zu vielen Beiträgen des Jahrhunderts« bezeichnet den polemischen Bezug der Schrift. Herder nimmt kritisch Stellung zu einem Lieblingsgegenstand des philosophischen Nachdenkens im 18. Jahrhundert. Seit dem *Discours préliminaire* von Voltaire zu seinen *Essais sur l'histoire générale et sur les mœurs et l'esprit des nations depuis Charlemagne jusqu'a nos jours* (1769) reklamieren die Denker des 18. Jahrhunderts die Geschichte als das Feld *menschlichen* und nicht mehr göttlichen Handelns. Gegenstand des Nachdenkens wurde die Conditio humana und die Bedingungen, physischer und sozialer Art, unter denen der Mensch, wo auch immer, auf diesem Erdball seine Bestimmung zu verwirklichen sucht. »Der große Gegenstand der Geschichte ist der Mensch«. Mit diesem Satz beginnt Isaak Iselin seine *Philosophischen Muthmaßungen über die Geschichte der Menschheit.*

Herder selbst hat sich diese zentrale Frage seines Jahrhunderts schon früh zu eigen gemacht. Die von ihm selbst nicht veröffentlichten Gedichte aus der Königsberger Zeit kreisen um das Problem der Selbstbestimmung. Das *Journal meiner Reise im Jahr 1769* kann geradezu als ein Entscheidungsmonolog in diesem Sinne verstanden werden. Die Reise von Riga nach Nantes hat dem »Büchermenschen« Herder das Mindestmaß an Erfahrung vermittelt, um in Zukunft die geschichtliche Dimension der Frage nach der eigenen Bestimmung zu erkennen. Begriffe wie »Wurf«, »Zufall«, »Schicksal« u. a. füllen sich mit Realitätsgehalt, der Eindruck, nicht selbst über sein Leben entscheiden zu können, sondern nur als Werkzeug höheren, unbekannten Zwecken zu dienen, gewinnt an Gewicht gegenüber der Meinung seiner Zeit, das eigene Leben sei auf Perfektibilität hin zu planen. Zeugnisse für diesen Sinneswandel Herders sind – neben vielen anderen – etwa das Gedicht *Der Genius der Zukunft* (SWS 29,322 f.) und sein Brief an den Prinzen Peter Friedrich Wilhelm von Holstein-Gottorp vom 19. Juni 1773.

Vor diesem Hintergrund ist zu verstehen, warum Herder sich gerade die Schrift Iselins als kritischen Bezugspunkt wählt. Vor allem der Glaube dieses Autors an Perfektibilität als Prinzip der Geschichte, an den sinnvollen Fortschritt zu größerer Aufklärung, zu einer Anreicherung von Tugend, Vernunft und Glückseligkeit in der menschlichen Natur forderte Herders Kritik heraus.

Auf der anderen Seite fühlte er sich durch den Skeptizismus Voltaires hinsichtlich eines sinnvollen Zusammenhangs in der Geschichte, durch dessen konsequent säkulare, naturgesetzliche Auffassung der geschichtlichen Bewegung herausgefordert. Der evangelische Theologe Herder konnte und wollte die Geschichte nicht dem Spiel rein immanenter Kräfte überlassen; er sah in beiden Modellen geschichtlichen Denkens die Einzigartigkeit des Individuellen vernachlässigt und die Allmacht Gottes als sinnstiftende Instanz in Frage gestellt.

Wie schon in der *Abhandlung über den Ursprung der Sprache* folgt Herder auch in diesem Fall seiner die Gegensätze vermittelnden Methode: Er sucht Zusammenhang,

Kontinuität in der Geschichte, ohne ihre »Sprünge und Würfe« (SWS 5,197), ihre Diskontinuität, zu vernachlässigen. An den Dramen Shakespeares hatte er diese Einheit von Kontinuität und Diskontinuität soeben nachgewiesen (SWS 5,219). Hatte ihn die Geschichte gelehrt, Shakespeares Dramen so zu lesen? Oder hatte ihm Shakespeare die Augen für die Struktur der Geschichte geöffnet?

Kontinuität

Dem skeptischen Standpunkt Voltaires, der in der Auseinandersetzung mit der überlieferten teleologischen Betrachtungsweise einen sinnvollen Zusammenhang in der Geschichte leugnet, setzt Herder mit Nachdruck die Behauptung entgegen, in der Geschichte hänge alles mit allem zusammen. Überall beobachtet er ein »Streben aufeinander in Kontinuität« (S. 46). Auffälligerweise finden sich jedoch keine präzisen Angaben über das Ziel dieses Strebens. Nach Möglichkeit vermeidet er den Ausdruck »Fortschritt« und spricht lieber von »Fortgang«, von »fortgehende[r] Entwicklung« (S. 47).

Um Kontinuität in der Geschichte zu verdeutlichen, wählt Herder verschiedene Analogien. Er vergleicht die Aufeinanderfolge der geschichtlichen Epochen mit den menschlichen Lebensaltern, er spricht im Hinblick auf die Rolle des Christentums von der »Gärung nordsüdlicher Säfte« (S. 51), lässt auf das Lebensalter-Schema das Gleichnis des Baumes folgen. Hinzu treten die Metaphern des Stromes, des Epos, des Dramas und des Schauspiels. Der Eindruck der Heterogenität dieser Gleichnisse, der

Willkür in ihrer Aufeinanderfolge verschwindet, wenn man sich vergegenwärtigt, dass solche Analogien für Herder keine erkenntniskonstituierende Funktion besitzen, sondern Erkenntnis vorbereiten, bis dahin unbekannte Zusammenhänge aufdecken sollen. So hat etwa das Lebensalter-Gleichnis die Aufgabe zu zeigen, wie trotz aller »Revolutionen, Veränderungen« Tradition niemals abreißt: »Niemand ist in seinem Alter allein, er bauet auf das Vorige, dies wird nichts als Grundlage der Zukunft« (S. 46). Die Metapher der Gärung schließlich soll verdeutlichen, wie im Augenblick der Diskontinuität, beim Zusammenbruch des römischen Weltreichs, den Herder als »Riss im Faden der Weltbegebenheiten« (S. 48) versteht, ein Zusammenhang stiftendes Element in die Geschichte eintritt, aus dem dann eine einheitliche europäische Kultur hervorgeht. Der Universalismus der christlichen Religion macht sie geeignet, die verschiedensten geschichtlichen Kräfte zu wechselseitigen Reaktionen anzuregen. Von besonderer Aussagekraft ist auch das Gleichnis des Baumes, das Herder auf das Schema der Lebensalter folgen lässt. Der Vorgang der organischen Entwicklung aus einem Keim ist ein altes Denkschema, um Kontinuität in der Zeit zur Anschauung zu bringen. Die »Verzweigung« des Baumes, der doch immer Baum bleibt, gibt Herder die Möglichkeit, die zunehmende Differenzierung der modernen Welt *in* der Kontinuität zu zeigen. Darauf hatte er schon im Shakespeare-Aufsatz hingewiesen (SWS 5,218 ff.). In ähnlicher Weise lassen sich auch die anderen Gleichnisse verstehen. Nicht selten umschließen sie eine ganze Fülle von Perspektiven auf die Geschichte, von Fragen und Hypothesen: Der Vergleich der Geschichte mit Epos, Drama und Schauspiel etwa erweckt die Vorstellung eines Ganzen, das den einzelnen Szenen ihre unverwechselbare Stellung und Funktion zuweist. Die Analogie legt aber auch die Rückfrage nach dem Autor, dem Regisseur, dem eigentlichen Subjekt der Geschichte nahe. Ist Gott, das Schicksal, der Zufall die treibende Kraft der Geschichte? Mit der Metapher »Buch«, »Text«, »Buchstabe« ist notwendigerweise die Frage nach dem *Sinn* verbunden. Wer ist in der Lage, den Text als sinnvolle Aussage zu lesen?

Diskontinuität

Gegen die Überzeugung der Aufklärung, der Sinn der Geschichte bestehe im »Fortgang zu mehrerer Tugend und Glückseligkeit einzelner Menschen« (S. 45), setzt Herder mit Nachdruck die Behauptung der *Disparität:* »Blätter des Schicksals fliegen, [...] kein Plan! kein Fortgang! ewige Revolution« (S. 45). Die partielle Negation des Überlieferten durch die jeweilige Gegenwart ist für Herder geradezu die unabdingbare Voraussetzung für jeden Fortgang in der Geschichte. Das »Nein« zur Tradition begründet die Individualität des Einzelnen und den unverwechselbaren Charakter eines Volkes. Indem ein Volk seine Eigentümlichkeiten ausbildet, Überkommenes zerstörend, aber auch seinem Wesen assimilierend, tritt eine neue Gestalt der Geschichte auf den Plan. Im Gegensatz zur Aufklärung lobt Herder daher das *Vorurteil:* »Das Vorurteil ist gut, zu seiner Zeit: denn es macht glücklich.« (S. 44) Glückseligkeit und Vollkommenheit liegen also nicht, wie Iselin und andere Geschichtsdenker seiner Zeit meinten, angehäuft am Ende der geschichtlichen Entwicklung, sondern sind im Individuum bereits in jedem Punkte dieser Entwicklung erreicht. Sie sind auch nicht in einem Höchstmaß an Tugend oder Vernunft begründet, sondern in der bis zum Äußersten herausgetriebenen Individualität. Geschichte ist in Herders Augen also nicht nur kontinuierlicher Fortgang, sondern auch in jedem Augenblick sich abschließende Vollendung: »[J]ede Nation hat ihren Mittelpunkt der Glückseligkeit in sich, wie jede Kugel ihren Schwerpunkt« (S. 43). An diesen Gedanken hat dann der sogenannte Historismus des 19. Jahrhunderts anknüpfen können. Man hat daher Herders Schrift auch »Das Grundbuch des Historismus« (Stadelmann) genannt.

Einheit von Kontinuität und Diskontinuität

Wie schon in seinem Aufsatz über Shakespeare bleibt Herder auch in der vorliegenden Schrift nicht stehen bei der einen oder anderen Position: Weder ist ihm die Geschichte nur Kontinuität noch bloß disparate Aufeinanderfolge von Individualitäten. Er betont mit Nachdruck die paradoxe *Einheit* von Kontinuität und Diskontinuität in der Geschichte. »Aber kein Ding im ganzen Reiche Gottes [...] ist allein Mittel – alles Mittel und Zweck zugleich« (S. 63). Dieser Gedanke der paradoxen Einheit ist eine der bei Herder zahlreichen fruchtbaren Anwendungen des Monadenbegriffs von Leibniz. Die Monade ist zugleich kontinuierliche Veränderung wie diskontinuierliches Bei-sich-selbst-Bleiben. Sie ist die Grenze und als Grenze zugleich Übergang. Sie ist Kontinuum und Diskretum zugleich. Sie spiegelt das Ganze der Wirklichkeit und ist doch Individualität. Sie hängt mit allem zusammen und ist doch autark. Die »Zusammenwelt eines Augenblicks« und die »Folgewelt, in allen Begebenheiten und Fortentwickelungen des Menschengeschlechts« (S. 100 f.) konzentrieren sich an jedem Ort und in jedem Augenblick der Geschichte auf unwiederholbare Weise. Obwohl stets unabgeschlossenes und unbefriedigtes Streben, ist Geschichte doch zugleich und in jedem Augenblick vollendet.

Aus dieser Mittel-Zweck-Struktur der Geschichte folgert Herder, dass jedes Individuum, sei es ein Einzelner oder ein Volk, zunächst nichts anderes als sich selbst entwickeln und seine Vollkommenheit befördern will, aber eben dadurch, ohne es zu wollen, das Ganze voranbringt. Die Geschichte erscheint ihm so als ein Schauspiel, in dem »*jeder* Schauspieler nur Rolle hat, in der er streben und glücklich sein kann – alle Szenen noch etwa ein Ganzes, eine Hauptvorstellung machen können, von der freilich der einzelne, eigennützige Spieler nichts wissen und sehen« kann (S. 99, eigene Kursivsetzung). Daher ist für das Individuum der Gang der Geschichte nur das Wirken eines blinden Schicksals, »was die Dinge warf und lenkte« (S. 67). Vor allem an den sogenannten »Welterleuchtungen«, an Entdeckungen, Revolutionen und Reformationen zeigt Herder, dass auch der große Einzelne das Rad der Geschichte nicht bewegen kann. In allem, was er tut, ist er nur »kleines, blindes Werkzeug« (S. 69).

Doch darf die Rede Herders von dem Schicksal, das die Begebenheiten lenkt, nicht darüber hinwegtäuschen, dass eben der geschichtsimmanente Vorgang des sich Abschließens einer geschichtlichen Gestalt zur autonomen Individualität mit dem Schwerpunkt in sich selbst, also die Negation, die in dieser selbstbezogenen Vervollkommnung liegt, die Geschichte vorantreibt. Jede Ausschließlichkeit, mit der ein Individuum nur sich selbst will, provoziert zugleich die unausschöpfbare geschichtliche Potentialität, die Kraft, das in der jeweiligen Individualität Übersehene, nicht Berücksichtigte in neuen Formen der Geschichte zur Darstellung zu bringen.

Kritik und Aufgabe der Gegenwart

In Übereinstimmung mit der Geschichtsphilosophie der Aufklärung fordert Herder eine Philosophie der Geschichte mit pragmatischer Zielsetzung. Nicht die ästhetische Anschauung allein sollte ein solches Werk, zu dem die vorliegende Schrift nur als eine erste Skizze gedacht war, befriedigen, sondern vielmehr der eigenen Gegenwart ihre Bestimmung im Ganzen der Menschheitsgeschichte zuweisen: »[W]elch edle Anwendung der menschlichen Geschichte! welche Aufmunterung zu hoffen, zu handeln, zu glauben, selbst wo man nichts, oder nicht alles sieht!« (S. 47)

Der fortschrittsoptimistische Standpunkt aufklärerischer Geschichtsphilosophie schließt die Hochschätzung der eigenen Gegenwart wenn nicht als Ziel, so doch als höhere Stufe gegenüber den früheren ein. Diesem selbstgefälligen Verständnis der Gegenwart begegnet Herder mit heftiger Kritik, die er partiell schon in früheren Schriften, vor allem in seinem *Journal meiner Reise im Jahr 1769* geäußert hat und die den Einfluss Rousseaus nicht verleugnen kann.

Vor allem beobachtet Herder ein Übergewicht von Reflexion und Abstraktion über »Empfindung, Bewegung, Handlung« (S. 61). »Kopf und Herz ist einmal getrennt« (S. 79). Damit hängt zusammen, daß die Fülle an Erkenntnis, über die gerade dieses Jahrhundert verfügt, ohne jede Bedeutung für die Praxis geblieben ist. »Die Schätze liegen da und werden nicht gebraucht« (S. 81). Die Literatur (im weitesten Sinne) hat ihre Fähigkeit verloren, die Welt zu verändern: »Der Aufsatz, der Plan wurde abgefasst, gedruckt, vergessen! [...] die Welt wird bleiben, wie sie ist.« (S. 81) Dieser Mangel wird verglichen mit jenen Zeiten und Völkern, »da alles noch so enge national war. Aus dem besondersten einzelnen Bedürfnisse stieg jede Bildung herauf und kehrte dahin zurück – lauter Erfahrung, Tat, Anwendung des Lebens« (S. 81 f.). Dieses Missverhältnis zwischen Theorie und Praxis wird von Herder, nach dem Vorbild Rousseaus, schon in seinen frühesten Schriften, etwa in der *Odenabhandlung*, mit Vehemenz kritisiert: »Je mehr sich die Gegenstände erweitern, die menschlichen Geisteskräfte sich entwickeln, desto mehr ersterben die Fähigkeiten der sinnlichen Thierseele« (SWS 32,49). Herder sieht hierin ein Kennzeichen des »Verfalls« (S. 8), von »Krankheit, Blähung, ungesunde[r] Fülle, Ahndung des Todes« (S. 44), von »Verwesung« (S. 123). Dieses Absterben der Vitalität hat zur Folge, dass der Mensch seine Bestimmung auf Erden nicht mehr in den durch die Tradition beglaubigten Formen finden kann: »Wir laufen jetzt nur vorüber, und durch die Welt her; Schatten auf Erden! [...] unsre Jahre, Lebensläufe, Vorbilder, Unternehmungen, Eindrücke, die Summe unsrer Hinwürkung auf Erden, ist kraftloser Traum einer

Nachtwache« (S. 8). Diese Kritik an seiner Zeit ist zugleich Selbstkritik Herders. An sich selbst hat er die objektiven Mängel seiner Gegenwart erfahren. Im *Journal meiner Reise im Jahr 1769* charakterisiert er sich als einen erschrockenen Wanderer, der in Eile durch die Welt geht, stets entfernt von Realität und Praxis, weil er sich selbst immer voraus ist (SWS 4,438 ff., 443 ff.).

Das vom Ganzen der menschlichen Natur und den Aufgaben zur Sicherung ihrer Existenz sich lösende philosophische Nachdenken läuft Gefahr, sich absolut zu setzen, statt dass seine einzelnen Disziplinen, Logik, Metaphysik, Moral oder Physik, wie »Organe der menschlichen Seele, Werkzeuge, mit denen man würken soll« (S. 72) verstanden werden. Diese Verselbständigung begründet die Möglichkeit der *Mechanisierung*, die Herder als einen Grundzug seiner Gegenwart in Philosophie, Politik und Erziehungswesen kritisiert. Ohne dass der Einzelne als Produzent oder Rezipient eigene Kräfte aufbringen müsste, lassen sich Inhalte und Verfahrensweisen beliebig oft und identisch reproduzieren. Dies aber führt, wie Herder vor allem am aufklärerischen Bildungsbegriff zeigt, letzten Endes zu einer Uniformierung, weil alle Menschen nach denselben Regeln denken und sich verhalten. Herder entdeckt diese Mechanisierung in den gesellschaftlichen Umgangsformen ebenso wie im Witz als Prinzip der Literatur. Schließlich begünstigt die Verselbständigung und Mechanisierung die politische Zentralisierung in der Regierungsform des Absolutismus. »Wenn hat man mehr Macht und Maschinen gehabt, mit einem Druck, mit einem Fingerregen ganze Nationen zu erschüttern? Alles schwebt an der Spitze zweier oder drei Gedanken!« (S. 84)

Die Uniformität und Austauschbarkeit der verbreiteten Gedanken seiner Zeit lässt Bildung zum bloßen Spiel werden: »Eben weil diese Grundsätze so gang und gäbe sind, als Spielwerk von Hand zu Hand, als Mundwerk von Lippe zu Lippe gehen – eben deswegen wirds wahrscheinlich, dass sie keine Würkung mehr tun können. Braucht man, womit man spielt?« (S. 78)

Herder bleibt jedoch nicht bei der bloßen Kritik stehen. Als Konsequenz seiner Behauptung, dass jede Zeit ihren Sinn in sich selber trage und, obwohl eingebunden in das unübersehbare Ganze, doch unvergleichbar ist nach Eigenheit und Bestimmung, sieht Herder sich gezwungen, nicht nur früheren Epochen, etwa dem verachteten Mittelalter, sondern auch seiner Gegenwart eigenen Wert und eine positive Aufgabe zuzuweisen. Schon in seinen früheren Schriften, im *Journal meiner Reise im Jahre 1769* und im Aufsatz über Ossian, hat Herder davor gewarnt, aus dem Missvergnügen an der eigenen Gegenwart falsche Utopien zu entwickeln und darüber die konkrete Aufgabe des Hier und Jetzt zu versäumen (SWS 5,364 f., siehe auch S. 110 dieses Bandes). Daher sucht er auch in dieser Schrift, die zur »Bildung der Menschheit« geschrieben ist, nach der besonderen Aufgabe seiner Zeit: »Wir sind bei dieser Fortrückung freilich auch auf unsrer Stelle, Zweck und Werkzeug des Schicksals.« (S. 97 f.) Auf die Frage nach der Absicht des Schicksals vermeidet Herder jedoch eine präzise Antwort.

Ohne Zweifel sieht er in seinem Jahrhundert die Geschichte an ihr Ende gekommen, ein Ende, das allerdings die Möglichkeit in sich birgt, ebendiese Geschichte zum Gegenstand der Erkenntnis zu erheben. Eine der aktuellen

Aufgaben erkennt er daher in der *Philosophie* der Geschichte: »Philosoph, willt du den Stand deines Jahrhunderts ehren und nutzen: das Buch der Vorgeschichte liegt vor dir! mit sieben Siegeln verschlossen; ein Wunderbuch voll Weissagung: auf dich ist das Ende der Tage kommen! lies!« (S. 103) Herders alter Gedanke, dass die Gegenwart nicht mehr die Kraft habe, Neues zu schaffen, sondern nur noch in der *Theorie* Bedeutendes leisten könne (»Nicht die Poeterey, sondern die Ästhetik sey das Feld der Deutschen«; SWS 32,82), taucht hier in veränderter Gestalt wieder auf. Darüber hinaus appelliert Herder an den praktischen Philosophen seiner Zeit, an den Naturlehrer, an den Mediziner, an den Familienvater, sich ihren konkreten Möglichkeiten zuzuwenden, jedoch immer mit dem Zusatz, dass jeder darauf verzichten müsse, die Früchte seiner Tätigkeit zu genießen. Denn die Signatur dieser späten geschichtlichen Stunde sei die Entfremdung des Werkes von seinem Schöpfer. Immerhin bringe die damit gesetzte Unabsehbarkeit der Wirkungssphäre zugleich den Vorteil, Spuren auch für die fernste Zukunft zu legen.

Die Gesetze der Geschichte

Wie diese Zukunft aussehen könnte, sagt Herder nicht. Stattdessen richtet er den Blick seiner Leser auf die Gesetzlichkeiten der Geschichte. Er entdeckt die Einheit von Kontinuität und Diskontinuität, er reflektiert über das Phänomen der interessegeleiteten Assimilation der Überlieferung (S. 43), er verfolgt die Rolle von Vorurteil und Negation im geschichtlichen Fortgang, er weist auf die Koinzidenz von

Individuum und geschichtlichen Umständen bei jeder Innovation in der Geschichte hin (vgl. das Beispiel Luther, S. 68 f.), er thematisiert schließlich Grenzen und Möglichkeiten des historischen Erkennens überhaupt: An der weltgeschichtlichern Rolle des Christentums zeigt er beispielhaft, wie schwierig es ist, die Fülle der mitwirkenden Ursachen zu erkennen und in ihrer Wirkung einzuschätzen. Ein Feind jeder monokausalen Betrachtungsweise, verwirft er auch jede moralisierende Ansicht der Geschichte. Das Gute, nach dem die zeitgenössische Geschichtsphilosophie fragte, scheint sich für Herder in eine Art Kräftepotential verwandelt zu haben, das sich partiell von Augenblick zu Augenblick in den individuellen Gestalten der Geschichte verwirklicht, aber dennoch unerschöpflich bleibt, wie die menschliche Natur (S. 43 f.). So ist denn auch die eigene Gegenwart für Herder zwar ein Ende der Geschichte, in dem sich aber andererseits auch ein neuer Anfang ankündigt. Gerade die Katastrophe ist Vorzeichen des Neuen, gerade die Negativität, die er in seiner Gegenwart beobachtet, ist ihm Verheißung eines überschwänglichen Positiven und Großen: »[W]ir nahen uns einem neuen Auftritte, wenn auch freilich bloß durch Verwesung!« (S. 123) Wie Hiob glaubt Herder noch unter der Wolke zu arbeiten, aber er ruft seinen Brüdern zu: »Wir arbeiten zu einer großen Zukunft« (S. 124).

Perspektivismus der Erkenntnis

Herder gibt keine Bestimmung dieser Zukunft, die er erwartet. Er wollte ja auch keine Geschichtsphilosophie schreiben, sondern allenfalls Gesichtspunkte für eine solche liefern. Erst diese hätte die Aufgabe, konkret den »Gang Gottes über die Nationen« (S. 107) zu verfolgen.

Herders Zurückhaltung in der Beantwortung der Frage nach dem Sinn der Geschichte hat prinzipielle Gründe. Sie folgt aus seiner Überzeugung, dass der Philosoph der Geschichte immer auch ein Teil der Geschichte selbst ist. Diese Einsicht gehört zu seinen frühesten Erkenntnissen. In der Skizze *Über Christian Wolffs Schriften* steht der Satz: »Jeder Philosoph siehet nach seinem Gesichtspunkt. Wie erniedrigend, demonstriren zu müssen, daß die historische Känntniß einem Philosophen keine Schande bringe. Eben als wenn eine Entschuldigung nötig wäre, darüber, daß man auch *würklich seyn* muß, wenn man denken soll« (SWS 32,158).

Schon eine hinreichende Charakterisierung der unaussprechlichen Eigenheit eines Menschen oder eines Volkes hält Herder für nahezu unmöglich. Allenfalls eine Identifikation könnte die Kluft zwischen »dem ganzen Gefühl des Seins, der Existenz in solchem Charakter« (S. 36) und dem beschreibenden Wort des Historikers schließen. Der Philosoph, so folgert Herder, ist kein Gott, der sich von dem auch ihm eigenen Bedürfnis, sich das Fremde zu assimilieren, lösen könnte. Auch er verwandelt das Fremde in sein Wesen, wenn er versucht, es zu verstehen. Daher hält Herder den Geschichtsphilosophen seiner Zeit entgegen, dass der von ihnen beanspruchte »Allanblick« außerhalb der menschlichen Erkenntnisperspektive liegen müsse: »Insekt einer Erdscholle, siehe wieder auf Himmel und Erde! Findest du im ganzen tot und lebendig auf einmal webenden Weltall *dich* den ausschließenden

Mittelpunkt, auf den alles würke? oder würkest du nicht selbst mit wo? wie? und wenn? (Wer hat dich darum gefragt?) zu höhern, dir unbekannten Zwecken?« (S. 100, eigene Kursivsetzung). Auch der Philosoph, empfangend und wirkend im geschichtlichen Zusammenhang, wird niemals erkennen, »wohin die Kette reicht« (S. 131), die alle Phänomene der Geschichte zu einem Ganzen verbindet. »[W]er bin ich, dass ich urteile, da ich eben nur den großen Saal quer durchgehe und einen Seitenwinkel des großen verdeckten Gemäldes im dunkelsten Schimmer beäuge« (S. 130)?

Theodizee a posteriori

Der unaufhebbare Perspektivismus geschichtlicher Erkenntnis hindert Herder an einer präzisen Aussage über Ziel und Sinn der Geschichte. Eine Philosophie der Geschichte, wie er sie als Aufgabe der Gegenwart in der vorliegenden Schrift entwirft, müsste dieser Tatsache Rechnung tragen. Dennoch verfällt Herder nicht in den naheliegenden Standpunkt des Skeptizismus, aber er beruhigt sich auch nicht mit der Metapher vom Gang Gottes über die Nationen. Er fordert eine Philosophie der Geschichte »zur Bildung der Menschheit«, mit der Absicht also, auf das Selbstverständnis seiner Gegenwart einzuwirken:

> »Wenn's mir gelänge, die disparatsten Szenen zu binden, ohne sie zu verwirren – zu zeigen, wie sie sich aufeinander beziehen, aus einander erwachsen, sich ineinander verlieren, alle im Einzelnen nur Momente,

durch den Fortgang allein Mittel zu Zwecken – welch ein Anblick! welch edle Anwendung der menschlichen Geschichte! welche Aufmunterung zu hoffen, zu handeln, zu glauben, selbst wo man nichts oder nicht alles sieht!« (S. 47)

Wo aber liegt für Herder der Grund dieses Glaubens, dieser konkretes Handeln ermöglichenden Hoffnung? Der Kontext dieses Zitats gibt die Antwort. Auch wenn er sich nicht anmaßt, zeigen zu können, auf welches Ziel sich die Geschichte hinbewegt, so ist er doch überzeugt, dass seine Art der Vergegenwärtigung von Geschichte praktische Konsequenzen haben könnte: Geschichte ist Zusammenhang, zwar ein unabsehbarer Prozess, aber doch zugleich in jedem Augenblick Vollendung in der geglückten, autonomen Individualität. Vor allem aber: Die Geschichte ist in Gottes Hand. Er, nicht der Mensch, wie die aufklärerische Philosophie seit Voltaire glaubte, ist das Subjekt der Geschichte. Diese Ansicht hat Herder, der in den Bückeburger Jahren seinem alten Freund Hamann so nahe war wie nie zuvor oder später, auch in anderen Schriften dieser Zeit immer wieder bekräftigt.[5]

Mit dem Satz »Glaube an Geschichte – durch Geschichte Glaube an Gott« schließt der Entwurf zu *Auch eine Philosophie der Geschichte zur Bildung der Menschheit*.[6] Diese Wendung beschreibt auch die Intention der gedruckten Abhandlung. Nicht durch begriffliche Erkenntnis glaubt Herder die Anwendung der Geschichte auf die Fragen der

5 Vgl. vor allem *An Prediger* in beiden Fassungen von 1773 und 1784 (SWS 7,173 ff.) und den Kommentar zum Hohen Lied (SWS 8,628, 631).

6 Vgl. Anm. 2.

Gegenwart nach ihrer Bestimmung zu erreichen, sondern allein durch ästhetische Anschauung, durch die metaphorische Rede. Man hat oft den Eindruck, dass Herder eher dem Dichter das Wort überlassen möchte, etwa Shakespeare, dessen Dramen er als die authentische Interpretation der Geschichte verstanden hat:

»Mir ist, wenn ich ihn lese, Theater, Akteur, Koulisse verschwunden! Lauter einzelne im Sturm der Zeiten wehende Blätter aus dem Buch der Begebenheiten, der Vorsehung, der Welt! – einzelne Gepräge der Völker, Stände, Seelen! die alle die verschiedenartigsten und abgetrenntest handelnden Maschinen, alle – was wir in der Hand des Weltschöpfers sind – unwißende, blinde Werkzeuge zum Ganzen Eines theatralischen Bildes, Einer Grösse habenden Begebenheit, die nur der Dichter überschauet. [...] Wie vor einem Meere von Begebenheit, wo Wogen in Wogen rauschen, so tritt vor seine Bühne. Die Auftritte der Natur rücken vor und ab; wirken in einander, so Disparat sie scheinen; sie bringen sich hervor, und zerstören sich, damit die Absicht des Schöpfers, der alle im Plane der Trunkenheit und Unordnung gesellet zu haben schien, erfüllt werde – dunkle kleine Symbole zum Sonnenriß einer Theodicee Gottes« (SWS 5,219 f.).

Sinnliche Zeichen also, nicht Begriffe, führen einen Zusammenhang unter den disparaten Begebenheiten vor Augen und lassen den Menschen hoffen, glauben, handeln.

Herder selbst hat seine Schrift nur als einen Entwurf, als einen ersten Schritt zu einer Philosophie der Geschichte verstanden. Schon der Titel deutet darauf hin. Unmittelbar nach dem Erscheinen der Abhandlung, am 18. Juni 1774, schreibt er an Johann Caspar Lavater: »Ein zweiter Theil sollte zur Philosophie folgen, der sich auf den ersten bezöge, wie Schlüßel auf Schloß, und wo dieser Schlüßel Religion, Christus, Ende der Welt mit einer glorreichen seligen Entwicklung seyn sollte – weiß nicht ob ich ihn je schreibe! Den ersten Theil aber must Du Freund mir also lesen, als ob er das Schloß, zu dem noch kein Schlüßel da ist seyn sollte.« Ist diese Ankündigung ein Zugeständnis an den eifernden Theologen Lavater? Hat Herder seine etwa gleichzeitig niedergeschriebenen oder veröffentlichten theologischen Werke *(An Prediger*, die *Lieder der Liebe*, eine Interpretation des Hohen Liedes, die *Älteste Urkunde des Menschengeschlechts*) als Einlösung dieses Versprechens verstanden? Ganz anders hatte er nur einen Monat zuvor das Verhältnis der *Ältesten Urkunde des Menschengeschlechts* zu *Auch eine Philosophie* umschrieben. In einem Brief an Hamann von Anfang Mai 1774 nennt er jenes Werk »Keim und Morgenröthe zur neuen Geschichte und Philosophie des Menschengeschlechts«. Die unterschiedliche Bestimmung des Verhältnisses beider Schriften zueinander dürfte sich aus der Rücksichtnahme auf die jeweiligen, theologisch spezifisch interessierten Briefempfänger erklären lassen. Eine sachliche Auskunft lässt sich den Briefen schwerlich entnehmen.

Die seit 1784 erscheinenden *Ideen zur Philosophie der*

Geschichte der Menschheit bezeichnet Herder selbst ausdrücklich als Wiederaufnahme und Fortsetzung des älteren Versuchs. Die Gemeinsamkeiten sind unverkennbar: Die Geschichte wird dargestellt als Handeln Gottes: »Gott ist alles in seinen Werken« (SWS 13,10). Wie in seiner früheren Schrift hält Herder fest an seiner Überzeugung, dass die Negation den Fortgang der Geschichte bewirkt. Unübersehbar ist auch die Rolle der Analogie und der Metaphorik als Erkenntnisinstrument. Sie haben ihm die schroffe Kritik Kants in dessen Rezension von 1785 eingetragen. Auf der anderen Seite fallen auch Unterschiede ins Auge: Dem Einfluss Goethes ist es zweifellos zuzuschreiben, dass nun auch die Natur in die Darstellung der Menschheitsgeschichte einbezogen, dass auch sie als *Prozess* verstanden wird. Deutlich ist die Erweiterung des historischen Horizontes. Gab die frühe Abhandlung nur einen Blick frei auf die Weltgeschichte als Geschichte Europas, so erinnert sich Herder jetzt an das Verdienst Voltaires, indem er auch die Länder des Fernen Ostens in seine Darstellung einbezieht. Trotz aller Beteuerungen gewinnen nun wieder teleologische Vorstellungen, ein lineares Entwicklungsschema für die Geschichte der Menschheit größere Bedeutung. Schließlich tritt die pragmatische Zielsetzung der Darstellung zurück. Sie wird abgelöst von dem Interesse an einer kontemplativen Vergegenwärtigung Gottes in den Begebenheiten der Geschichte. Ohne Zweifel macht sich hier der Einfluss Spinozas bemerkbar, den Herder in diesen Jahren zusammen mit Goethe wiederentdeckt hat.

Inhalt